Jinkey 著

企业微信
私域运营
从入门到精通

电子工业出版社·
Publishing House of Electronics Industry
北京·BEIJING

内 容 简 介

本书共分为 8 章：第 1 章到第 3 章从企业微信的发展历程入手，带大家重新认识企业微信，了解企业微信的价值取向和开放能力，并介绍企业微信注册、认证、"养号"与异常处理的方法，帮助企业规避在企业微信私域流量运营中可能遇到的陷阱；第 4 章到第 7 章重点介绍了企业微信在获客引流、促活转化、客户召回等关键环节中用到的工具、方法和技巧，并指导企业通过数据，分析、优化运营策略；第 8 章以解析企业微信私域流量运营的经典案例为主，让企业更直观地理解如何将企业微信应用到业务场景中。

本书适合企业创始人和中高层管理者，市场营销、推广人员和销售人员，以及产品经理、运营人员、客服人员阅读。

图书在版编目（CIP）数据

企业微信私域运营从入门到精通 / Jinkey 著．—北京：电子工业出版社，2022.2

ISBN 978-7-121-42839-5

Ⅰ．①企… Ⅱ．①J… Ⅲ．①企业管理—网络营销 Ⅳ．①F274-39

中国版本图书馆 CIP 数据核字（2022）第 015795 号

责任编辑：石　悦　　　特约编辑：田学清
印　　　刷：北京天宇星印刷厂
装　　　订：北京天宇星印刷厂
出版发行：电子工业出版社
　　　　　北京市海淀区万寿路 173 信箱　　　邮编：100036
开　　本：720×1000　　1/16　　印张：20.75　　字数：372 千字
版　　次：2022 年 2 月第 1 版
印　　次：2025 年 4 月第 10 次印刷
定　　价：103.00 元

凡所购买电子工业出版社图书有缺损问题，请向购买书店调换。若书店售缺，请与本社发行部联系，联系及邮购电话：（010）88254888，88258888。

质量投诉请发邮件至 zlts@phei.com.cn，盗版侵权举报请发邮件至 dbqq@phei.com.cn。

本书咨询联系方式：010-51260888-819，faq@phei.com.cn。

前　言

新型冠状病毒肺炎疫情突如其来，很多企业不得不从线下营销转为线上营销才得以持续发展。企业微信 3.0 版本后推出的各种连接客户的功能，让企业微信成为微信官方认可的私域流量运营工具。因此，如何正确认识企业微信并借助微信官方提供的合规运营工具实现高效获客、留存、转化，是企业亟待解决的问题。

在 3.0 版本之前，企业微信主要面向 B 端市场，主打企业内部 OA 管理、办公协同；在 3.0 版本之后，企业微信侧重于对外连接客户，直接触达 C 端市场，打造"B2B2C 模式"的企业 SCRM 系统，与原来的 OA 系统大相径庭。

笔者在与很多企业交流的过程中发现，尽管企业微信自 2016 年推出至今已近 6 年，但是有些企业对其"OA+SCRM"的性质仍然比较陌生。有些企业在搭建企业微信私域流量池时，仍然直接将客户添加到通讯录中当作"员工"来运营，不但没有发挥出企业微信 SCRM 系统所具备的连接客户的能力，而且对不少客户造成了困扰、对企业形象造成了负面影响，更遑论通过企业微信做好私域流量运营了。

对很多企业来说，使用企业微信运营私域流量属于一种新方向、新玩法。目前的市场对快速上手企业微信私域流量运营的需求很大，虽有一些可以参考借鉴的典型案例，如瑞幸咖啡、完美日记的企业微信私域运营，但企业可能只是照葫芦画瓢、摸着石头过河，实践效果往往不尽如人意；同时，市面上也鲜有一本系统的图书，可以全面地讲清楚企业微信的作用到底是什么、企业如何使用企业微信做好私域流量运营、企业微信的局限在哪里、哪些功能的实现需要借助第三方服务商定制开发，以及企业如何在使用企业微信运营私域的过程中少走弯路等问题。

本书正是为了解决这些问题而撰写，书中为企业微信私域运营获客引流、促活转化、客户召回等环节需要使用的工具、方法和技巧提供了详细的操作指导。读者在阅读时不必记住所有操作方法，只需要将本书作为工具书，在应用过程中翻开本书一步一步跟着操作即可。通过本书，读者可以快速上手企业微信，并熟练地掌握如何使用企业微信合规、高效、长久地促活、转化私域流量，搭建一个免费的、可反复使用的私域流量池！

本书的撰写历时近 10 个月，其间企业微信多次更新升级，笔者也基于企业微信的新功能对本书的内容进行了优化升级，尽可能让各位读者阅读较新的版本。但鉴于本书从撰写到出版，再到读者阅读的时间差，部分内容（特别是操作部分）可能在读者阅读时已经不是最新版本，如有不明白的地方，欢迎各位读者与笔者交流。

目　录

第 1 章

企业微信介绍

1.1 企业微信是什么

企业微信是腾讯微信原班人马打造的一款企业办公和连接 12 亿个微信客户的协同管理工具，在客户体验上与微信一致，上手门槛低，企业培训员工使用的成本低。截至 2021 年，企业微信已覆盖健身、旅游、教育、零售、互联网、医疗美容、金融财税等超过 50 个行业。

早在企业微信之前，腾讯团队就推出了一款名为微信插件（原企业号）的产品，该产品依托微信生态，无须下载企业微信客户端即可实现企业内部协同沟通，员工在关注微信插件（原企业号）后可以接收消息、回复消息、使用自建应用等，如图 1-1 所示。

从 2016 年 4 月到 2019 年 12 月，经过近 4 年的优化升级，企业微信已经从原来只面向企业内部的 OA（Office Automation，办公自动化）系统，升级为连接企业内部和外部的高效 OA+SCRM（Social Customer Relationship Management，社会化客户关系管理）系统。接下来，我会带你一起认识企业微信各个历史版本升级的重点功能，让你对企业微信有一个全面的了解。

2016 年 4 月 18 日，企业微信推出 1.0 版本。该版本支持连接企业内部系统，并提供公告、请假、考勤、报销等免费 OA 工具，帮助企业提高内部沟通效率。与传统的 OA 软件相比，企业微信简单易用、上手门槛低、移动办公方便，而且可以免费使用，因此受到大多数中小型企业的青睐。

2017 年 6 月 29 日，企业微信推出 2.0 版本。该版本主要升级了连接企业内部系统的功能，还上线了微信插件功能，全面兼容原企业号，原企业号的数据和应用自动迁移到企业微信中，并支持后台统一管理。微信插件的上线意味着员工无须下载企业微信 App，即可在微信中通过关注微信插件实现消息接收和回复，进一步降低了企业微信的使用门槛，又增加了企业使用企业微信的场景。

图 1-1　微信插件（原企业号）

2018 年 3 月，企业微信开始内测与微信互通的功能。借助该功能，员工通过企业微信就可以添加微信客户为好友并发起聊天互动。除此之外，这次互通内测还重点开放了企业微信 API（Application Programming Interface，应用程序接口），企业可以通过企业微信 API 与自身的 CRM（Social Customer Relationship，客户关系管理）系统打通，实时查看客户画像，分析客户的喜好和购物偏好，从而实现精准营销，促成复购。

2019 年 12 月 21 日，企业微信推出 3.0 版本。该版本全面实现了企业微信与微信的互通，并推出了客户联系、客户群、客户朋友圈三大工具，进一步提升了企业微信连接微信生态的能力。企业可以通过企业微信添加微信客户好友、创建企业微信外部群并将客户朋友圈发表到客户的微信中，实现与客户的高效沟通互动，而客户只需要在微信中即可与企业微信员工沟通。

在后续的更新中，企业微信进一步开放了客户联系、客户群、客户朋友圈、直播、会议、打通视频号等功能，私域流量的获取更加全域化、私域流量的运营更加集中化。

2020 年 5 月 18 日，企业号全面升级为企业微信，并发布了如图 1-2 所示的通知，原企业号的数据会完整地迁移到企业微信中，从此企业号与企业微信合二为一。本书将重点探讨企业微信 3.0 版本及以上版本用于私域流量运营的功能，并重点研究如何把这些功能应用到管理企业微信私域流量中。

图 1-2　企业号全面升级为企业微信的通知

1.2　企业微信的作用

1.1 节提到企业微信已升级为连接企业内部和外部的高效 OA+SCRM 系统，1.2 节将重点介绍企业微信在这两个方面所起的作用。

1.2.1　企业微信 OA：内部协同管理工具

1．专业的企业通信工具

微信本身专注于通信，而企业微信由微信原班人马打造。企业微信作为一款 OA 工具，也提供专业的企业通信工具，包括长期有效的企业通讯录和企业公费电话。

以往，无论是纸质通讯录还是电子通讯录，都存在手机号更新、维护不及时的问题。但使用企业微信，管理员将员工通讯录导入企业微信管理后台，所有通讯录信息的更新都会同步给全体企业员工，实现一次导入全员同步、一次更新全员更新。与个人微信相比，员工在使用企业微信时无须互为好友，即可在企业微信通讯录中与其他同事对话，大大提高了沟通效率。

企业公费电话则解决了企业员工为电话沟通垫付通信费的问题。企业微信管理员只需要开通如图 1-3（a）所示的公费电话功能并充值，员工就可以如图 1-3（b）所示使用公费电话联系客户或同事，通信费由企业支付，员工拨打公费电话的资费是 0.06 元/分钟，比拨打普通电话的资费划算得多。新注册的企业微信账号，还可以获得 1000 分钟的免费通话时长。

那么在企业员工拨打公费电话时，对方接收的电话号码是如何显示的？是否会泄露本机号码？目前，公费电话来电可能存在按一定比例显示主叫方固话号码或显示企业简称的情况，在大部分情况下公费电话会显示主叫方固话号码。若主叫方允许企业微信读取手机通讯录，则接收方显示的是企业简称；若主叫方未开启允许企业微信读取手机通讯录的权限，则接收方显示的是随机固话号码。

（a）　　　　　　　　　　　　（b）

图 1-3　企业公费电话

2．功能丰富的基础 OA 办公工具

很多人对企业微信的认知可能还停留于消息沟通阶段，实际上企业微信已经发展为一个功能丰富的基础 OA 办公工具了。

过去，企业想实现内部办公沟通，需要购买 OA 系统。大部分 OA 系统在电脑端才能使用，有些 OA 系统不仅价格昂贵，使用起来也不方便。

现在，企业使用企业微信就能实现基础的 OA 办公功能，如公告、打卡、审批、会议、公费电话等，可以满足大部分企业的办公需求。

① 公告。以往，企业想向员工下发通知，要么口口相传，要么张贴告示，也有企业通过 OA 系统下发通知，但很难知道谁看到了、谁没看到，触达率很低，体验也不好。现在，企业只需要开启如图 1-4 所示的企业微信公告应用，就可以通过企业微信管理后台或企业微信 App 工作台一键下发通知，员工在企业微信中即可收到通知，消息的上传下达更加便捷。

② 打卡。很多企业需要记录考勤打卡，常见的记录方式有人工签到记录、考勤机记录、人脸识别记录等。对于人力资源经理来说，一个好的考勤工具可以节省很多统计考勤数据的时间。企业微信提供了基础的打卡功能，支持企业设置上下班

规则，如图1-5（a）所示，员工在手机上就可以轻松打卡。企业微信打卡应用支持连接智能考勤机，二者结合审批还可以自动生成考勤报表，统计正常打卡人数、迟到和早退人数等，如图1-5（b）所示，帮助人力资源经理提高统计效率。

图1-4　企业微信公告应用

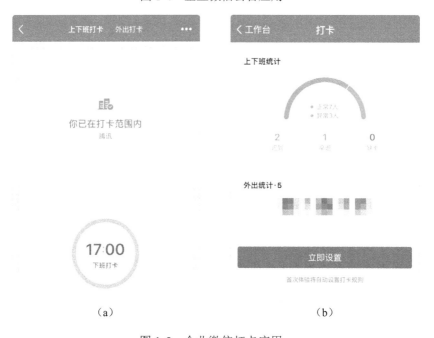

（a）　　　　　　　　　　　　　（b）

图1-5　企业微信打卡应用

③ 审批。无论是请假、出差、采购物资，还是申请市场费用，员工都需要向领导申请审批并征得同意，大企业更是如此。以往的审批申请流程复杂、耗时较长，特别是当领导出差的时候，审批更是难上加难。现在，如图 1-6 所示，员工在企业微信中即可通过审批应用发起审批申请，领导在手机上即可查看申请详情并进行审批，即使出差也能通过移动办公处理，审批过程不再受时间和空间的限制。

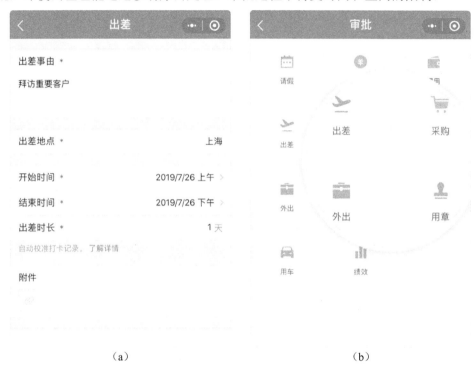

（a）　　　　　　　　　　　　　　　（b）

图 1-6　企业微信审批应用

④ 会议。对于企业管理者来说，可能 80%的时间在开会。如果参会人员同在办公室，只要喊一声就可以了，但若大家身在各处则比较麻烦。企业微信提供的会议功能，可以在线发起视频会议或语音会议，还可以设置禁言、主持人、连麦发言、共享演示文档等，并支持实时共享屏幕演示，还原线下开会场景。

在新型冠状病毒肺炎疫情（以下简称"新冠肺炎疫情"）期间，企业微信会议功能支持最多 300 人同步在线开会，还可以邀请微信联系人或客户参会，会议支持文档演示、屏幕共享（如图 1-7 所示）等，满足了企业外部协作的需求。即使不是互为好友关系，企业员工也可以将会议发到群里邀请其他人参会，非常方便。

除此之外，企业微信还提供了很多基础的 OA 办公功能（如汇报、日程、微盘、微文档等）。接下来，本书将重点探讨企业微信作为 SCRM 工具的作用。

图 1-7　企业微信会议屏幕共享

1.2.2　企业微信 SCRM：高效连接客户的"神器"

如果企业微信只是一个简单的通信工具或基础办公工具，那么大多数企业完全可以选择微信或钉钉。但在 2019 年 12 月 21 日，企业微信推出了 3.0 版本，全面实现了与微信的互通，为企业带来了更完善的"人即服务"的工具和能力，包括客户联系、客户群和客户朋友圈，如图 1-8 所示。

图 1-8　企业微信连接客户的工具

现在，企业员工使用企业微信就可以连接 12 亿个微信客户，也就是说，客户无须下载企业微信 App，用微信即可添加企业员工的企业微信为好友，实现企业微信和微信的消息互通。"客户在哪里，营销就在哪里。"以前，我们更多选择微信作为营销载体，因为微信可以连接大部分潜在客户，且从微信超过 12 亿人的用户数量来看，几乎人人都有微信并使用微信。

现在，腾讯推出了比微信通讯录容量更大、功能更开放的企业微信。对于使用企业微信积累私域流量的企业来说，虽然一开始有一定的门槛，但一旦上手，其使用方法其实与微信相似度很高，且更加便捷。而对于客户来说也没有任何沟通工具的迁移成本，只需要添加企业员工的企业微信账号为好友，就可以和对方在微信中沟通，非常方便。以某企业为例，客户想添加该企业的员工，只需要通过微信"扫一扫"员工的企业微信二维码即可互为好友，客户通过微信就可以与企业微信员工账号进行沟通互动。

可以说，企业微信已成为可以代替微信承接客户、积累企业私域流量的优秀工具。1.3 节将详细阐述为什么企业选择企业微信运营私域流量，以及企业微信与微信、微信群相比有哪些区别和优势。

1.3　为什么企业选择企业微信运营私域流量

随着获取客户的成本越来越高，各行各业开始尝试将公域中的流量沉淀到私域中。2019 年，"私域流量"概念火爆，即使不懂得该概念的电商平台卖家，也会群发消息或在快递包裹内附上微信号，引导客户添加微信好友。

传统线下门店、餐饮楼盘、娱乐健身、互联网企业甚至地摊小贩，都在想尽一切办法与客户建立联系，搭建自己的流量池，以便促成复购，如客户扫码添加企业微信领取优惠券，客户在微信群中达成交易可以获得奖励等。

与公域相比，企业通过私域可以选择任意时间、按照任意频率免费地触达自己的客户。微信凭借其 12 亿人的使用群体成为"国民级"社交应用，也成为最受欢迎的私域流量沉淀工具之一。企业或个体可以通过微信与客户进行沟通，通过多种方式（如群发、微信群、朋友圈广告等）触达客户。

但是，我们在使用微信的过程中也发现了诸多不便之处，如以下问题。

① 员工在离职后直接带走客户，导致企业损失惨重。

② 员工在业余时间做微商，在朋友圈中发布大量拼团、分销等活动链接，极大地损害了企业的专业形象。

③ 活动效果好，微信却被提示频繁添加好友甚至被封号。

④ 客户管理混乱，客户在被添加为好友后就成了通讯录列表中的陌生人，缺乏客户画像。

⑤ 营销受到限制，群发消息无法发送活动链接。

⑥ 微信好友满 5000 人后不得不换新的微信号。

⑦ 复制粘贴的消息发表到朋友圈中被折叠为一行。

⑧ 微信群中的刷屏广告不断，群满后员工又要手动拉群。

....

以上问题在企业微信中将不复存在。2019 年 12 月 21 日，企业微信推出了 3.0 版本，全面实现了与个人微信的互通，并推出客户联系、客户群、客户朋友圈三大工具，如图 1-9 所示，这让越来越多的企业开始把企业微信纳入客户运营工具的范畴。

图 1-9 客户联系、客户群、客户朋友圈三大工具

那么企业微信与微信相比有哪些优势呢？接下来，我会从账号体系、功能优势、

违规工具被封杀带来的新机会 3 个层面进行阐述。

1.3.1　账号体系

1．企业微信打通个人微信，实现消息互联互通

客户无须下载企业微信 App 或其他 App 即可在微信中与企业微信员工沟通交流，与其他工具相比，企业微信的使用门槛更低、沟通效率更高。企业微信支持与个人微信一对一单聊、向企业微信客户发起一对多群聊，甚至直播、会议等也可以邀请个人微信客户参与。从原来服务号在 48 小时后无法触达客户的单向沟通（如图 1-10 所示），变为可以在任意时段与客户进行多媒体互动，和客户做朋友。

由于该用户48小时未与你互动，你不能再主动发消息给他，直到用户下次主动发消息给你才可以对其进行回复。

图 1-10　服务号在 48 小时后无法触达客户

2．企业微信可以免费加 V 认证

在企业微信中，人即服务。企业微信的所有员工账号、发表的客户朋友圈、与客户的沟通、微信群内的互动，都可免费自带企业名称，如我的昵称是"Jinkey"，企业名称是"语鹦企服"，显示的员工账号就是"Jinkey@语鹦企服"，如图 1-11 所示。

Jinkey @语鹦企服　15:04
[链接]语鹦企服企业微信私域流量管家|企业服…

图 1-11　员工账号自带企业名称

员工名片页面也会展示实名认证信息（如图 1-12 所示），可以附加企业官网、产品信息、会员入口、支付购买入口等。企业的认证绿标和员工的实名蓝标可以有效地帮助客户辨别真伪，提升客户对品牌的信任度和忠诚度。同时，一线员工将代表企业向客户提供个性化的产品和服务。员工的行为是塑造品牌形象的最前线，企业微信通过加 V 认证倒逼企业加大员工培训力度，提高服务质量和水平，使客户对企业和品牌更加喜爱，进一步促成客户转化。这样就形成了良性循环，企业和客户实现了双赢。

图 1-12　员工名片页面展示实名认证信息

3．员工账号属于企业资产，若员工离职则客户一键转移

以往，企业员工可能会在业余时间做微商（如卖面膜和食品等），一旦出现质量问题，这些与企业毫无关联的产品也会严重损害企业的形象，造成恶劣影响。除此之外，一些大客户一般由专门的员工跟进，这些员工一旦离职，可能会带着大客户一起流失，甚至将其带到竞争对手的企业中。为此，很多企业不得不购买大量的工作手机，为员工注册大量的微信号，极大地增加了企业的管理成本。

而企业微信提供了一键分配离职员工的客户的功能，该功能在员工离职后可以将其客户分配给在职员工继续跟进，并保留上一个员工与客户的聊天记录，保证服务不中断、客户不流失。在员工离职 24 小时后，其客户会被默认切换给新分配的员工，这一过程无须客户手动确认同意，极大地避免了客户流失，如图 1-13所示。

企业借助服务商应用还能实现客户的触点管理，如药店的药师与客户沟通，记录客户的病史、过敏药物、购买记录、诊断记录等；教培机构的老师与家长沟通，记录孩子的情绪、偏好、薄弱的科目等。这样，不同员工之间的服务便能实现无缝切换。

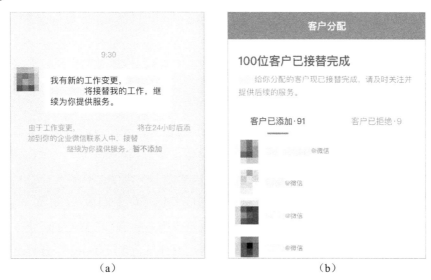

（a）　　　　　　　　　　　　　　（b）

图 1-13　员工离职客户自动切换

4．添加好友基本没有数量上的限制

微信规定，个人微信最多只能添加 5000 名朋友圈互为可见的好友，超出 5000 名后的好友权限只能设置为"仅聊天"（如图 1-14 所示），对方无法查看你发表的朋友圈消息。

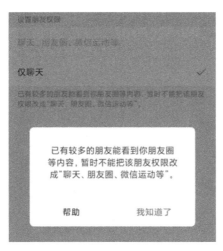

图 1-14　超出 5000 名后的好友权限只能设置为"仅聊天"

注册并通过认证的企业微信，每位企业员工的初始好友上限直接提升到 5 万人。如果需要添加更多好友，那么你可以一键申请免费扩容，好友数量几乎没有上限。而你添加的所有好友都能在朋友圈信息流中看到你发表的朋友圈消息，极大地提高了企业的影响力。

1.3.2　功能优势

个人微信的产品设计不是为营销而生的。过去有些企业借助违规破解微信通信协议的工具，用个人微信做营销，最明显的特征是必须单独安装一个浏览器插件、桌面软件或安卓 App 来获取微信的数据。这样做不仅会使企业的客户隐私毫无保障、聊天记录被截取，还会使企业面临被微信团队封号的风险。

企业微信的产品设计是围绕"以人作为企业服务的窗口"展开的，企业微信为企业服务场景而生。企业微信提供了大量的数据分析、客户联系、企业办公工具等原生功能和 API：如果你不会写代码，那么可以使用企业微信的原生功能和服务商应用；如果你会写代码，那么可以用 API 对接企业研发的 CRM 系统和业务场景；更聪明的做法是，你可以用服务商应用满足部分业务场景，在这个基础上再把数据对接到企业的 CRM 系统中，这样既可以满足通用需求、节省开发资源，又可以满足独有业务场景的个性化需求。

接下来，我们一起了解一下企业微信有哪些实用的客户联系功能吧。

图 1-15　企业微信二维码立牌

1．企业认证名片提高可信度

个人微信的二维码名片，有头像、昵称、性别、地址和二维码，我们还可以给二维码名片换个样式。

企业微信的二维码名片则不同，它可以显示企业简称、员工昵称、员工职务、员工手机号等信息，还可以生成如图 1-15 所示的二维码立牌，二维码立牌可用于打印，看上去更加专业；企业微信还可以自由添加企业官网、会员中心、商城小程序等多种入口。

2．活码自动通过好友

个人微信扫描二维码需要手动通过或单向自动

通过。企业微信二维码也是如此，但企业微信管理后台可以生成员工活码（如图 1-16 所示），客户扫码即可双向通过好友。

图 1-16 企业微信管理后台生成员工活码

① 单向自动通过好友：客户认为员工自动通过了好友，但员工需要点击如图 1-17 所示的"添加"按钮才会与客户成为双向好友。

图 1-17 员工点击"添加"按钮才会与客户成为双向好友

② 双向自动通过好友：员工与客户互为好友，员工不需要点击"添加"按钮。借助服务商应用，员工活码还可以进一步实现自动拉群、自动打标签、自定义欢迎语小程序封面、欢迎语根据不同活码带有不同客户昵称等丰富的功能，如图 1-18 所示。

另外，个人微信在添加好友后只能获取对方的昵称、性别、微信号，不能获取对方是从哪里来的、是做什么的等信息。企业微信在添加好友后，可以通过对客户自动打上的标签追踪客户来源，还可以自动向客户发送欢迎语，这些功能在个人微信中是无法实现的。

图 1-18　借助服务商应用，员工活码可以进一步实现的功能

3．自带认证标识的企业朋友圈

朋友圈对企业营销有着重大的作用。个人微信每天可以发表多条朋友圈消息，但一些企业的营销无所顾忌，导致朋友圈充斥过多广告，影响客户体验。为了净化朋友圈消息，微信推出了"折叠相似朋友圈消息"的机制，只要是复制粘贴的朋友圈消息就会被折叠为一行，一时间让很多企业烦恼不已。

企业微信在朋友圈方面设立了诸多限制。例如，同一个客户每天最多只能看到 3 条员工发表的朋友圈消息，每月最多只能看到 4 条企业发表的朋友圈消息。但员工或企业发表的朋友圈消息自带企业认证标识，显得更加专业，如图 1-19 所示。

员工或企业发表的每条客户朋友圈消息都代表着企业的形象，如果客户不感兴趣，那么可以点击如图 1-20 所示的"我不感兴趣"按钮。对于同一个员工，客户在第一次点击该按钮后，对其发表的朋友圈消息 7 天内不可见；客户在第二次点击该按钮后，对其发表的朋友圈消息 30 天内不可见；客户在第三次点击该按钮后，对其发表的朋友圈消息 1 年（自然年）内不可见。

图 1-19 朋友圈消息自带企业认证标识　　图 1-20 对朋友圈消息点击
　　　　　　　　　　　　　　　　　　　　　　　　"我不感兴趣"按钮

不过，企业微信提供的客户朋友圈功能的优势也不容小觑，包括企业发表朋友圈消息不被折叠、企业可以发表统一的朋友圈消息并由员工确认后发送给客户，以及朋友圈消息数据可查看、可跟踪等，满足了企业统一发表、统一管理朋友圈消息的需求。企业微信和个人微信的细节对比，如表 1-1 所示。

表 1-1　企业微信和个人微信的细节对比

对　比　项　目	企　业　微　信	个　人　微　信
发表次数限制	企业统一发表 4 条朋友圈消息/月，员工个人发表 3 条朋友圈消息/天	无限制
正文是否被折叠为一行	否	有可能
评论是否被折叠	否	有可能
能否被屏蔽	客户可以点击"我不感兴趣"按钮，第一次点击该按钮 7 天内不可见，第二次点击该按钮 30 天内不可见，第三次点击该按钮 1 年（自然年）内不可见	客户可以选择"不看他""不让他看我"
能否被点赞	能	能
可以发表的图片数量	9 张	9 张
可以发表的视频数量	1 个（15 秒）	1 个（15 秒），微视中是 1 个（30 秒）

对 比 项 目	企 业 微 信	个 人 微 信
企业查看员工发表情况	企业微信管理后台翻阅员工的朋友圈消息一览无遗	一条条手动翻阅员工的朋友圈消息
能否查看历史朋友圈	原生功能不支持，可以借助第三方服务商（如语鹦企服的企友圈）实现	能
能否查看客户的个人微信朋友圈	否	能
身份标识	头像+昵称@企业简称	头像+昵称

4. 丰富的社群管理功能

社群管理是私域流量运营不可或缺的重要组成部分。以往，个人微信的社群管理只提供群待办、转让群主、修改群名称、设置管理员等功能，很多企业冒着被封号的风险，借助违规工具实现社群签到、积分打卡、自动群发消息、群消息自动回复等功能。现在，企业微信提供了大量的社群管理工具，除了个人微信已经具备的功能，还具备以下功能。

① 群活码。该功能长期有效，可以自动创建 5 个群，群满后可以移除部分旧群，然后继续自动创建新群，且群活码不变。

② 群欢迎语。该功能在客户进群后会自动@客户，在多个客户同时进群后会合并发送群欢迎语，可以是纯文字、1 段文字+1 张图片、1 段文字+1 个小程序页面、1 段文字+1 个链接等。

③ 群机器人。该功能可以设置关键词自动回复，当机器人或群内员工被@并收到包含关键词的内容时，系统会触发自动回复，极大地减轻了运营人员的客服压力。

④ 群成员去重。客户可能同时进入多个同类型的社群，导致社群位置被重复占用，此时，企业很有必要进行去重处理，释放社群资源以容纳更多客户。

⑤ 防骚扰自动踢人。当客户发送的内容包含白名单外或黑名单内的网页、名片、小程序、关键词等时，系统会自动触发仅踢人、仅警告、警告并踢人等防骚扰操作，并禁止该客户进入企业的客户群。

企业微信还开放了很多社群管理 API，企业可以借助这些 API 进一步实现以下功能。

① 手机号码验证进群。企业导入一批客户的手机号码，在客户授权验证通过

后对其显示进群二维码，如图 1-21 所示。

（a）　　　　　　　　　　（b）

图 1-21　手机号码验证进群

② 群成员批量打标签。该功能可以自动、批量对群成员打上预先设定的标签，如"课程偏好-设计"。

③ 群成员批量改备注。该功能可以自动、批量为群成员按照预先设定的规则修改备注名称，如"0720-语鹦企服培训-Jinkey""0720-语鹦企服培训-Yly"。

④ 关键词分流进群。客户选择不同的关键词进入不同的社群，如根据工作经验 0～1 年、1～3 年、3～5 年、5～10 年进行不同的社群区分。

⑤ 群活跃客户排名。借助会话内容存档，我们可以统计群内客户的活跃度，生成活跃度排行榜，给予客户一定的奖励以刺激社群活跃度的提高。

5. 聊天记录合规存档

在微信中备份聊天记录是需要员工手动完成的，而且聊天记录只是一个加密的备份包，无法分析聊天内容；如果借助违规工具，那么企业不仅有被封号的风险，还可能导致聊天记录在未经授权的情况下被截取和泄露，给企业的信息安全造成极大的隐患。

企业微信为了满足企业内部的合规审查、客服人员外部的沟通质量检测等场景需求，在员工和客户同意的情况下，允许企业通过官方提供的 API 合法合规地获取这部分聊天记录。对于这部分聊天记录，企业可以用于关键词分析，如对"回扣""飞单"等关键词的监控；也可以用于自动分析客户偏好，如客户咨询并购买了婴幼儿奶粉，可以自动对其打上"0～1 岁""宝妈/奶爸"的标签；还可以用于话题互动、客户活跃度分析等非常丰富的场景。

总之，企业微信是微信提供的官方、合规的私域流量运营工具。企业通过企业微信连接微信客户，借助多款高效的客户联系工具，可以为客户提供更好的个性化服务。

1.3.3 违规工具被封杀带来的新机会

如果企业微信连接微信的种种功能和优势为企业的客户运营打下了基础，那么频频发生的违规工具被微信封停的现象，则加速了企业向企业微信转移客户运营的进程。

2020 年 5 月 26 日，微信发生"大事件"——社群运营外挂软件被微信全面封停，一旦使用外挂软件登录微信，账号①就会被立刻封停，如图 1-22 所示。

随着违规工具被封杀，企业纷纷停用了第三方外挂工具，随之而来的是微信中的客户运营难度变大、效率变低。企业原本通过外挂工具可以群发消息、定时公告、自动拉群、自动添加好友、自动通过关键词回复等，现在只能一个个手动操作，完全靠人工处理，这使企业不得不寻找新的解决方案。

由于微信封号的现象，很多企业一听到"第三方"就有些顾虑。其实"第三方≠违规"，某工具被封停主要是因为它使用了很多违规的接口，扰乱了微信生态，其他按照企业微信、微信官方提供的正规接口开发，而非破解接口开发的工具则没有问题。

企业微信作为官方提供的私域流量运营工具，拥有很多合规的第三方工具，可以满足企业高效管理客户的需求。那么如何选择合规的企业微信第三方工具呢？接

---

① 本书截图中"帐号"的正确写法应为"账号"。

下来，我会分享 4 个方法。

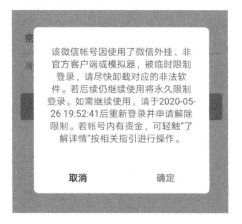

图 1-22　使用违规工具的微信账号将被永久限制登录

1. 查看接口文档，看不懂代码只看左边目录即可

图 1-23 所示为企业微信官方开放 API 说明文档，如果有第三方工具宣称可以实现非企业微信官方开放 API 的功能，如批量、主动添加客户，私聊关键词自动回复等，使用这些第三方工具就会存在一定的安全隐患（官方暂未开放这些 API）。

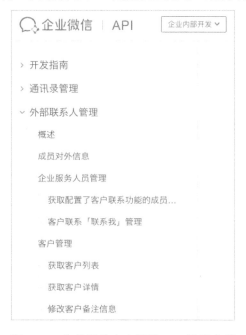

图 1-23　企业微信官方开放 API 说明文档

2．通过审查元素查看嵌入组件

懂得 HTML（Hypertext Markup Language，超文本标记语言）或开发过 HTML 的运营人员，可以对通讯录成员点击鼠标右键审查元素，在正常情况下，通过如图 1-24 所示的方式嵌入企业微信官方组件是比较合规的。

```
▼<iframe frameborder="0" referrerpolicy="origin" src=
"https://open.work.weixin.qq.com/wwopen/openData/frame/
index                                      ' style="width:
47.5781px; height: 23px;">
```

图 1-24　通过审查元素查看嵌入组件

3．查看是否需要单独安装额外工具

我们可以查看第三方工具是否需要单独安装企业微信官方客户端以外的浏览器插件、电脑客户端、手机 App 等，如果需要单独安装，那么该工具是违规的。在添加合规的企业微信第三方工具后，企业在企业微信 App、电脑端即可使用企业微信，无须单独安装额外工具。

4．查看是否属于违反微信价值取向的操作

自动点赞、自动添加好友"爆粉"等操作都是违规的，类似聚合聊天这种需要破解客户端的功能也是违规的。

只有辨别出哪些第三方工具存在违规的风险并避免违规操作，企业才不会重蹈"因使用第三方违规工具而被封号"的覆辙。

在众多管理系统中，我推荐企业使用企业微信官方服务商的合规功能，如很多企业需要的员工活码、超级活码、裂变增长、社群裂变、跨平台话术库、添加好友自动打标签、员工聊天记录监控（会话内容存档）、查看企业微信历史朋友圈等功能都能得到满足。

这样，通过"官方认证服务商+官方 API+官方服务商"模式开发的工具完全合规，不会被封号。

总之，在"大事件"之后，企业微信被越来越多的企业重视，各行各业纷纷开启了将客户从微信迁移到企业微信中的进程，为企业微信带来了新机会。在接下来的内容中，我会详细介绍如何利用好这样的新机会，帮助企业搭建一个免费且可以反复使用的私域流量池！

1.4　企业微信的价值取向

在 2019 年的公开课上，微信团队的创始人张小龙先生为企业微信阐述了一个明确的价值取向——人即服务，也就是让员工成为企业服务的窗口。"人即服务"正是企业微信区别于以往其他沟通媒介的服务形式。

过去，广告主大多使用纸质媒体，通过文字单向地向客户传达信息；之后出现了电视和户外广告等多媒体内容，有意向的客户会拨打它们上面的联系电话，但那时的电话费并不便宜；然后出现了微博，企业可以与客户以延时的方式进行沟通，通过公开的渠道分析舆情。

后来，很多企业通过微信服务号与客户有了即时的互动，而且可以通过关键词进行自动回复，极大地提高了客户解决问题的效率。但服务号在客户未回复的 48 小时后不能再回复客户，对于需要深度服务的客户来说，就不那么友好了。

如今，企业微信和微信互通功能的推出，使 C 端客户可以即时地、多方位地与企业免费进行全面沟通。同时，B 端企业可以通过企业微信第三方自动打标签和改备注的功能，精准刻画客户画像，如同具有推荐功能的抖音和网易云音乐一样，这种"精准"会让客户认为企业非常了解自己，从而对其产生喜爱和依赖。

因此，企业微信的出现是一次沟通媒介的飞跃，而不仅是多了一个渠道。把企业微信当作批量群发、散播广告的工具是毫无意义的，这无异于退化为纸质媒体的效率，对企业微信独有的优势视而不见。企业使用企业微信，需要为客户提供精准、个性化、有温度的服务，这正是企业微信倡导的"人即服务"。只有向客户提供有价值的服务，客户才会为了企业的价值而付费和复购。

只要明白了企业微信的价值取向，我们就能明白在企业微信中什么该做、什么不该做了。例如，通过违规工具无限制地群发消息骚扰客户（可能会被封号），在其他微信群中"爆粉"（加几个人后就会在一段时间内被限制外部联系人能力）等，都不符合企业微信的产品定位和价值取向。而主动告知客户添加你为好友可以获得什么价值（如免费的留学咨询等），让客户主动添加你为好友，能极大地避免被限流，也能更好地获客。让你的目标客户来"骚扰"你，我认为这才是企业微信支持和鼓励的行为。

企业微信的开放能力

2.1 客户体系

微信域内有服务号、订阅号、小程序、支持微信登录的 App、企业微信等，企业在这些不同的平台中已积累了大量的客户，每一次微信推出一个新的形式我们就跟风导流是不合适的，应找到符合自身使用场景的平台。例如，希望通过关键词回复一些常见的问题，我们可以选择服务号；希望搭建一个在线商城，我们可以使用小程序，体验更流畅；希望对客户提供实时在线的服务、合规地群发消息，我们可以使用企业微信。

公众号（服务号、订阅号）、小程序、支持微信登录的 App、小商店、企业微信等是微信生态的"明珠"，而微信开放平台账号和微信商户号相当于串起这些"珠子"的两条"绳子"。

如果企业想在公众号、小程序、支持微信登录的 App、小商店、企业微信等平台中统一客户标识体系，那么必须将它们关联到同一个微信开放平台中，同一个客户在服务号和小程序中才能被开发者标识为同一个人，而企业微信要与在微信开放平台中关联的其中一个服务号进行关联，才能打通该微信开放平台中的其他平台，如小程序或 App；如果企业想要这些平台具备微信支付或收款能力，那么还必须将它们关联到同一个微信商户号中，这些平台才能具备支付或收款能力。

如果能把不同平台的能力串联起来，那么将对企业产生巨大的好处，如客户画像的统一。

当客户在服务号咨询××公司的股票触发关键词回复时，服务号可以自动对其打上标签"-600999"（一种股票代码）；后来该客户又咨询伦敦黄金行情，服务号可以自动对其打上标签"-伦敦金"（一种贵金属产品）。在服务号打标签的同时，如果客户还需要人工服务，那么我们可以引导其添加客服人员的企业微信，这时客服人员依然可以看到该客户标有"600999"和"伦敦金"的标签，从而得知该客户对这两种理财产品比较感兴趣，可以进一步向客户精准地提供服务，在客户打开企业App 的时候，有针对性地显示这两种理财产品的相关资讯。

实现这一点所依赖的是企业微信的 UnionID 机制。通过 UnionID 机制，我们可以打通各个平台（公众号、小程序、支持微信登录的 App、企业微信）中的客户标识，通过用户在每个平台中积累的浏览行为、消费行为、社交互动行为等数据，企业可以刻画精准的客户画像。具体的客户画像分层模型构建方法，我会在第 7 章进行详细的讲解。

以下关于企业微信开放接口能力和应用场景的内容，适合企业管理人员、产品人员、运营人员、市场营销人员等阅读，即使在不懂得专业技术的情况下，这些企业人员也能了解企业微信开放接口可以实现什么能力，以及将这些能力实现到什么程度。

2.1.1　服务号的客户标识

客户在微信中打开网页并通过服务号授权，企业无须客户关注服务号即可识别访问的客户。

1. 授权形式

1）弹窗授权

在 snsapi_userinfo 授权模式下，服务号会弹出如图 2-1 所示的弹窗，提示系统申请获取客户信息，客户可以选择自己的微信头像和昵称或虚拟创建的头像和昵称。如果客户点击"拒绝"按钮，那么获取客户信息将会失败；如果客户点击"允许"按钮，那么系统可以获取客户的相关信息，特别是可以获取该服务号所属开放平台的 UnionID。通过该 UnionID，我们可以对企业微信内的某一个客户打标签，或在聊天侧边栏显示该客户的相关客情信息，如购买记录等。

图 2-1   授权登录获取客户信息

2）静默授权

在 snsapi_base 授权模式下，服务号不会弹出如图 2-1 所示的弹窗，而是直接在后台悄悄登录。相应地，我们也无法获取客户的微信头像和昵称等信息，只能获取客户的 OpenID。

企业只获取 OpenID 的情况一般用于防止刷量、防止客户重复参与同一个活动或重复填写表单等，无法用其打通微信生态的其他平台。但有一种情况例外，那就是该客户已经关注企业的服务号，这种情况可以通过接口查询该客户的 OpenID 所对应的开放平台的 UnionID。关于获取用户基本信息（UnionID 机制），在企业微信官方 API 文档中有详细的说明，如图 2-2 所示。

图 2-2   获取用户基本信息（UnionID 机制）

2．绑定微信开放平台和企业微信

1）绑定微信开放平台

如图 2-3 所示，企业人员打开微信开放平台的注册页面，在登录账号并完成主体认证之后，依次点击"管理中心"—"公众账号"—"绑定公众号"按钮。

图 2-3　绑定公众号

企业人员在如图 2-4 所示的页面中，输入企业服务号的公众账号和公众账号密码完成登录。

图 2-4　输入企业服务号的公众账号和公众账号密码完成登录

管理员扫码验证即可完成微信开放平台的绑定。在完成绑定后，企业服务号的 UnionID 即可与微信开放平台中的 App、小程序等互通。

2）绑定企业微信

企业人员打开企业微信管理后台，依次点击"客户联系"—"客户"按钮，打开如图 2-5 所示的页面。

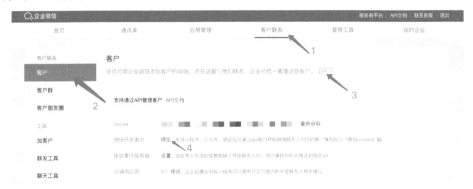

图 2-5　企业微信管理后台的"客户"页面

企业人员点击图 2-5 中数字"3"所指的 API 下拉小图标，在小图标展开之后，点击图 2-5 中数字"4"所指的"绑定"按钮，就会跳转到如图 2-6 所示的公众平台账号授权页面，企业人员邀请企业主体需要绑定的服务号的管理员扫码验证并授权给企业微信即可完成绑定，服务号和企业微信的统一客户标识 UnionID 就会打通。

图 2-6　公众平台账号授权绑定企业微信

3．客户开放能力

服务号的客户开放能力包括但不限于以下几方面。

1）客户标签

一个企业服务号可以创建 100 个客户标签，每个客户标签的长度不超过 30 个字节，约 15 个汉字。客户标签的使用场景如下。

① 对某个标签下的客户群发模板消息或文字消息。

② 对具有某个标签的客户打开服务号授权登录的专属网页，展示千人千面的活动页。

2）客户备注

对于通过引流、裂变等活动添加的客户，我们可以将客户备注改为"1011-产品公开课-Jinkey"这样的格式，代表"被 10 月 11 日的产品公开课吸引而来的粉丝Jinkey"。由于备注是直接显示在聊天对话框中的，因此我们可以更方便地了解客户的触点，无须翻查企业内部系统或第三方 CRM 系统，搜索客户也更加方便。

3）客户地理位置

在客户允许的前提下，客户每次进入服务号，服务号都会获取客户的地理位置信息，我们就可以知道客户的活动范围，同时将其记录到 CRM 系统中，方便企业进行朋友圈或 LBS（Location-based Service，基于位置的服务）广告的投放。

4）基于关键词回复自动打标签

服务号可以通过关键词触发消息回复，精准地掌握客户的偏好和感兴趣的内容，如知识付费企业的关键词可以是产品课、设计课、英语课、数学课、财税课等，餐饮企业的关键词可以是螺蛳粉、小笼包、红烧乳鸽等。一个或多个关键词可以指向一个标签，再借助标签接口对客户打标签或修改备注，并通过 UnionID 机制将客户数据同步到企业微信中，方便客服人员在与客户沟通的过程中刻画客户画像。

5）会员积分

服务号的卡券接口可以查询某个"card_id+Code"下的会员积分。通过查询某个"card_id+Code"下的会员积分，根据如表 2-1 所示的积分和等级标签的对应关系，服务号可以对客户打上不同的企业微信标签。而"card_id+Code"与 OpenID 是一一对应的关系，因此服务号可以把客户信息同步到企业微信中，甚至将其显示在聊天侧边栏中，如图 2-7 所示。

表 2-1　积分和等级标签的对应关系

积分（分）	等　级	企业微信标签组	企业微信标签
0～100	1 级	会员等级	VIP1
101～500	2 级	会员等级	VIP2
501～1000	3 级	会员等级	VIP3
1001～2000	4 级	会员等级	VIP4
...	...	会员等级	...

图 2-7　将客户信息显示在聊天侧边栏中

2.1.2　小程序的客户标识

小程序有以下两种授权形式。

1．静默授权

在客户打开小程序之后，小程序可以调用 wx.login()方法，在无须客户同意的情况下静默授权，完成登录，小程序后端可以获取 UnionID 且不会打扰客户。

当客户打开小程序之后或在其他合适的时机，小程序的开发者会调用

wx.authorize()方法，询问客户是否同意小程序获取微信头像和昵称等客户信息。如果客户之前已经同意授权，那么小程序不会出现弹窗，直接返回成功，客户无须二次授权。

客户可以点击小程序右上角的三点标志，在"设置"页面中随时更改客户信息的授权状态，也可以由小程序发起该页面，引导之前拒绝授权的客户重新授权。

2．弹窗授权

小程序开发者调用 wx.getUserProfile()接口，在弹窗授权的形式下会出现类似服务号弹窗授权的样式，提示系统申请获取客户信息，客户可以选择自己的微信头像和昵称或虚拟创建的头像和昵称。若客户拒绝授权，则系统提示授权失败；若客户允许授权，则系统可以获取相关信息。如果只是为了获取 UnionID，那么小程序没有必要采用弹窗授权的形式打扰客户。

2.1.3　企业微信的客户标识

企业微信的客户标识，分为内部员工和外部联系人两种。

1．内部员工

内部员工的客户标识称为 userid，管理员可以进入企业微信管理后台，依次点击"通讯录"—"某个成员"—"编辑"进行修改且只能修改一次，userid 默认为姓名的拼音，如图 2-8 所示。

图 2-8　内部员工 userid

2. 外部联系人

外部联系人的客户标识称为 external_userid，由系统自动分配，后续不可修改，如图 2-9 所示。

图 2-9　外部联系人 external_userid

企业通过外部联系人的 external_userid 可以进一步查询该联系人的名称、头像、类型（是个人还是企业）、性别、备注、描述、手机号、初次添加时间、标签和标签组、备注的企业名称等，特别是可以获取 UnionID，也就是上文提到的可以打通企业微信和小程序、服务号等微信平台的统一客户标识。该 UnionID 只有当联系人类型是个人微信客户且企业或第三方服务商绑定了微信开发者 ID 时才能获取。微信开发者 ID 的绑定方式是：企业微信管理员打开企业微信管理后台，如图 2-10 所示依次点击"客户联系"—"客户"—"API 下拉小图标"—"绑定"按钮，跳转到公众平台完成授权即可。

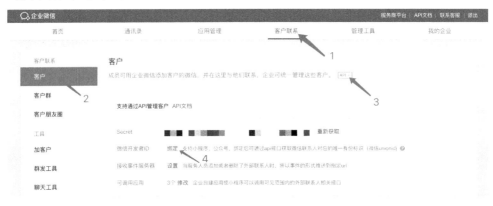

图 2-10　微信开发者 ID 的绑定方式

除了 UnionID，企业微信还有一个手机号的字段，企业可以通过发放优惠券的形式让客户填写手机号，从而打通公域和私域，建立统一的客户标识，如图 2-11 所示。

图 2-11　通过手机号打通公域和私域，建立统一的客户标识

2.1.4　App 的客户标识

App 必须使用微信登录，且只有在微信开放平台绑定了该 App 后，企业才能获取微信返回的 UnionID。图 2-12 所示为知拾收藏 App 的微信登录页面，只有当用户通过这样的页面登录 App 后，企业才能获取 UnionID。

（a）

（b）

图 2-12　知拾收藏 App 的微信登录页面

企业人员打开微信开放平台的注册页面，在登录账号并完成主体认证后，依次点击"管理中心"—"移动应用"—"创建移动应用"按钮即可绑定微信开放平台，如图 2-13 所示。

图 2-13　绑定微信开放平台

2.1.5　如何构建统一的客户标识

企业将公众号、小程序、App 绑定在同一个微信开放平台中，即可打通这 3 个平台的 UnionID，让同一个客户在 3 个平台中不会被标识为 3 个客户，客户画像也能统一起来。如果企业微信也要关联到这个体系内，那么企业可以先在企业微信管理后台关联一个服务号（该服务号要在微信开放平台中完成绑定），即可将企业微信与其他小程序或 App 中的客户标识打通。构建统一的客户标识如图 2-14 所示。

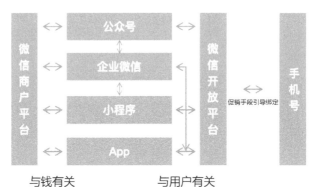

图 2-14　构建统一的客户标识

企业将公众号、小程序、App、企业微信等平台中的客户标识关联起来之后，便形成了私域客户池，再通过让客户从服务号登录网页或小程序领取优惠券等方法，把公域客户标识即手机号绑定到微信生态的私域统一客户标识——UnionID，形成全域统一的客户画像。这样，客户在每个平台中的行为都可以被汇集起来，作为企业个性化服务和精准营销的依据。在这一过程中，各个平台的主要定位如表 2-2 所示。

表 2-2　各个平台的主要定位

平　　台	模　　块	主 要 定 位
微信公众平台	服务号	发布消息、客户服务
	订阅号	发布文章
	小程序	微信内的 App
	小商店	微信域内的商城
微信商户平台	—	与支付相关
微信开放平台	—	与账号相关

除了手机号、微信 UnionID，企业还可以通过如表 2-3 所示的更多 ID 进行匹配和归因。

表 2-3　通过更多 ID 进行匹配和归因

ID名称	相关信息
QQ 账号	由 5~12 位的纯数字组成，"90 后"较常使用
身份证号	由 18 位的阿拉伯数字和罗马数字 X 组成，酒店、旅游行业较常使用
IDFA	苹果设备标识，由 32 位的数字和大写字母组成
IMEI	安卓设备标识，由 14 位或 15 位的纯数字，或者 14 位或 15 位的数字和小写字母组成
MAC 地址	硬件设备标识，由 6 对用 "：" 分隔的 16 进制的数字和大写字母组成

2.2　内部联系人管理

2.2.1　成员管理

管理员进入企业微信管理后台，依次点击如图 2-15 所示的"管理工具"—"通讯录同步"按钮，再开启如图 2-16 所示的"API 编辑通讯录"权限，即可增删查改员工的信息。

图 2-15　通讯录同步

图 2-16　开启"API 编辑通讯录"权限

通过开启"API 编辑通讯录"权限，管理员能获取的员工信息如表 2-4 所示。

表 2-4　管理员能获取的员工信息

员 工 信 息	说　　　　明
userid	对应企业微信管理后台的"账号"字段
名称	1～64 个字符，一般填写员工的真实姓名，用于企业内部沟通
昵称	1～64 个字符
电话	在企业内必须具有唯一性
所属部门	不能超过 100 个
职务	0～128 个字符
性别	—
邮箱	6～64 个字节，且为有效的 E-mail 格式。在企业内必须具有唯一性

续表

员 工 信 息	说　　明
固话	0～32 个字节，由纯数字和"-"组成
头像	—
对外信息展示	—

那么，在获取了这些信息之后，企业能做什么呢？

1．在欢迎语中添加专属信息

我们在获取员工的名称或昵称后，可以在向客户首次发送的欢迎语中添加员工信息，让客户享受 VIP 专属服务。

在如图 2-17 所示的欢迎语中包含了员工的昵称"Jinkey"，让客户更有享受 VIP 专属服务的感觉，客户会感觉这是一个真实的客服人员，而不是一个机器人。

图 2-17　欢迎语包含员工昵称

我们在添加他人为好友时，一般会发送一个名片介绍。现在，企业可以利用企业微信的功能，让每个商务经理或大客户经理在添加客户的时候自动发送姓名、职务、电话、邮箱等信息，让客户对企业人员更加了解，也节省了手动发送这些信息的时间，提高了效率。在展会走访的时候，企业人员可以有更多的精力与客户交谈，而不是在手机上写备注。

2. 生成客户邀请二维码

在打开侧边栏时，我们可以获取当前聊天窗口所对应的外部联系人的 external_userid 和当前员工的 userid，有了这些数据，就可以生成一个客户邀请二维码，如图 2-18 所示。该外部客户可把这个二维码分享给好友，然后企业将新客户分配给当前员工或随机分配给多个员工，这样能定向统计该外部客户一共为企业带来了多少新客户，从而对其支付相应的渠道奖励。

图 2-18　生成客户邀请二维码

2.2.2　部门管理和标签管理

部门指的是企业的行政组织树状结构，如图 2-19 所示，总裁办下有产品中心、研发中心、销售中心，销售中心下有华南销售中心、华北销售中心，华南销售中心下又有销售一组、销售二组。

标签指的是矩阵式的项目结构，如企业承接了中国移动手机 App 的项目，需要从产品中心、研发中心和客户中心各抽调 2 个员工组成项目组，这时企业可以给这 6 个员工打上"中国移动"的标签；又如销售课程"-9.9 元理财课"，需要配置课程制作员工 1 人、运营员工 2 人，这时企业可以给这 3 个员工打上"理财课"的标签。同一个员工可以被打上多个标签。

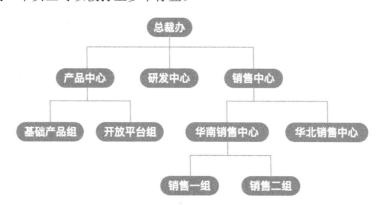

图 2-19　企业的行政组织树状结构

部门管理的权限允许我们创建部门、删除部门及更新部门信息等。标签管理的权限允许我们创建标签、删除标签、为员工增加和删除标签，以及查询某个标签下有哪些员工等。部门管理和标签管理的权限如表 2-5 所示。

表 2-5　部门管理和标签管理的权限

名　　　称	权　　　限
部门管理	创建部门
	删除部门
	更新部门
	获取部门列表
标签管理	创建标签
	删除标签
	修改标签
	查询标签下的员工列表
	增加标签下的一个或多个员工
	删除标签下的一个或多个员工
	获取标签列表

那么，企业获取部门列表和标签列表有什么作用呢？

1. 按部门配置"联系我"范围

我们可以借助企业微信的部门和标签，将某个"联系我"的活码精准地配置给某个部门或某个标签下的员工，无须因为员工变更而多次选择配置范围。

2. 按部门统计员工互动指标

如图 2-20 所示，我们可以按部门统计平均首次回复时长、聊天总数、发送消息数、删除/拉黑员工的客户数、发起申请数、新增客户数、已回复聊天占比、新增客户群数量、截至当天客户群总数量、截至当天发过消息的客户群数量、客户群新增群人数、截至当天客户群总人数、截至当天发过消息的群成员数、截至当天客户群消息总数。

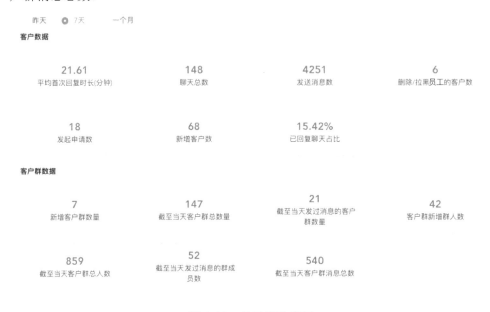

图 2-20 员工互动指标

3. 按部门设置 CRM 系统的权限

我们在设置 CRM 系统的时候，通常可以设置"客户-角色-权限"的三层权限管理模型进行控制。但在企业微信中设置 CRM 系统，我们可以依托企业微信的组织架构和权限管理。例如，对某一个部门设置应用 A 的可见范围，对另一个部门设置应用 B 的可见范围；对销售部门设置销售话术库的可见范围，对客服部门设置客服话术库的可见范围等。这样做可以非常精细地区隔企业的资源，避免资源被滥用或外泄。企业也可以依托企业微信配置的管理员和分级管理员权限，实现管理员查看大盘数据和员工管理个人客户。这样，企业的 CRM 系统可以节省开发权限管理模型的成本、降低使用门槛，让更多的中小型企业拥有自己的 CRM 系统。

4．标签管理

我们可以通过接口对标签进行管理，编辑标签组的名称和排序等。标签组和标签的权限如表 2-6 所示。

表 2-6　标签组和标签的权限

名　　称	权　　限
标签组	创建标签组
	编辑标签组名称
	编辑标签组排序
	删除标签组
标签	在标签组下新建标签
	在标签组下删除标签
	在标签组下编辑标签名称
	在标签组下编辑标签排序

我在撰写本书的时候，企业微信标签组和标签的规则如下。

① 标签的个数上限是 3000 个。

② 标签组不可以重名。

③ 一个标签组下必须包含至少一个标签。

④ 同一个标签组下的标签不可以重名。

⑤ 标签组和标签都可以排序。

⑥ 删除的标签不可以恢复，重新创建的标签 ID 值会发生变化。

企业微信建立这样的标签组和标签规则，主要出于以下考虑。

① 员工私自变更标签会导致企业数据混乱，不利于后续的数据分析。

② 企业微信管理后台权限过大，不方便直接由普通员工操作。

我们可以利用如图 2-21 所示的标签管理能力，对标签组的权限进行单独管理，如只允许销售部门的负责人和秘书编辑"销售进度"的标签组，包含新客、跟进中、合同签署、财务打款、成功交易等标签，或只允许运营部门的负责人编辑"客服"的标签组，包含设计课程、产品课程、Python 课程、C4D 课程、二级建造师课程等标签。

5．通讯录变更事件

通讯录包含成员和部门，除此之外，我们还可以在某个标签下添加成员和部门，用于矩阵式组织架构中的项目，如项目 A 需要"成员"1 个产品经理、"成员"1 个运营经理和"部门"客服一组。当客服一组新增 2 名成员时，系统会通知 SaaS 服务应用该部门新增了 2 名成员，这时 SaaS 系统可以在之前包含 2 名成员和客服一组的员工活码下新增 2 名客服人员接待客户，实现通讯录自动更新，无须人工操作。同理，成员离职也可以触发一些自动操作，如分配离职成员的客户或更新员工活码等。表 2-7 所示为成员和部门标签的开放能力。

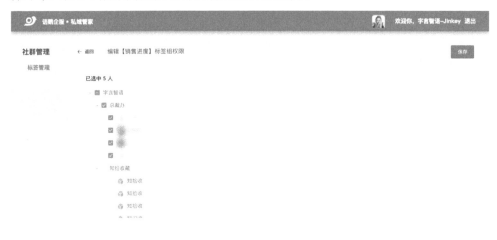

图 2-21　标签管理能力

表 2-7　成员和部门标签的开放能力

模　　块	开　放　能　力
成员	新增成员
	删除成员
	更新成员
部门	新增部门
	删除部门
	更新部门
成员标签管理	创建标签
	删除标签
	更新标签
成员标签管理	获取某个标签下的成员列表
	为成员增加标签
	为成员删除标签
	获取标签列表

2.3　外部联系人管理

2.3.1　客户联系"联系我"

"联系我"功能指的是企业微信生成的一个小程序按钮或二维码,供客户添加员工为好友,成为员工的外部联系人,如图 2-22 所示。具体情况将在后面的内容中展开叙述。

图 2-22　"联系我"功能

要想开启"联系我"功能,企业人员首先需要进入企业微信管理后台,依次点击"客户联系"—"客户"—"API 下拉小图标"—"可调用应用"按钮,关联自己的应用,如图 2-23 所示。

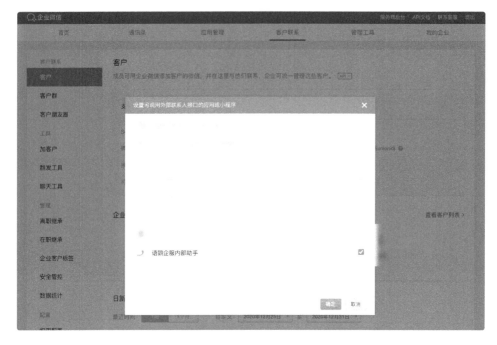

图 2-23　开启"联系我"功能

利用"联系我"功能，企业微信可以生成一个带参数的二维码，我们暂且把这个参数称为 state。当客户添加我们为好友的时候，企业微信会双向自动通过好友，然后向企业开发者的服务器发送一条包含 state 的消息。企业开发者可以根据该 state 信息确定客户具体扫描的是哪一个二维码，从而对扫描不同渠道二维码的客户自动打上不同的标签、自动修改备注、自动记录地理位置、发送个性化欢迎语、同步广告系统客户画像、邀请进入不同的群聊等。

当然，如果是企业高管，其名片中的企业微信二维码可以不设置为自动通过好友，以便更加高效地过滤骚扰信息。

小程序"联系我"的添加路径是：企业人员打开小程序，点击如图 2-24（a）所示的按钮，退出小程序，再打开如图 2-24（b）所示的"邀请通知"，进入如图 2-24（c）所示的页面长按识别二维码，即可添加企业人员为联系人。

从图 2-24 中可以看出，通过小程序添加好友的流程比较冗长，且体验不流畅。而使用"联系我"二维码添加好友的体验更加流畅，无论是线上还是线下，客户转化率都更高。好消息是，目前微信小程序的最新能力已支持外部链接唤起小程序和长按识别二维码唤起添加好友页面，通过这两个能力的结合，如图 2-25（a）所示，客户点击短信中附带的小程序链接，或点击微信小程序按钮，就可以直达小程序商城或添加好友落地页，体验更加流畅。

（a）　　　　　　　　　（b）　　　　　　　　　（c）

图 2-24　小程序"联系我"的添加路径

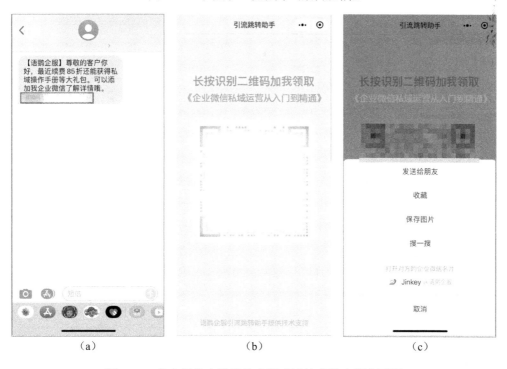

（a）　　　　　　　　　（b）　　　　　　　　　（c）

图 2-25　点击短信中附带的小程序链接直达小程序页面

2.3.2 客户列表

我们添加了很多客户,可以在 CRM 系统中留存哪些客户信息呢?

1. 客户详情

企业通过企业微信提供的开放能力可以获取的外部联系人信息,如表 2-8 所示。

表 2-8 企业通过企业微信提供的开放能力可以获取的外部联系人信息

信　　息	个人微信好友	企业微信好友
external_userid	✔	✔
名称	微信昵称	昵称>实名信息>账户名称,若前一个名称为空,则依次显示下一个名称
头像	✔自建应用 ✗第三方应用	✔自建应用 ✗第三方应用
类型	✔个人微信	✔企业微信
性别	✔男、女、未知	✔男、女、未知
职位	✗	✔
企业简称	✗	✔
企业全称	✗	✔
自定义字段	✗	✔
哪个员工添加了该外部联系人	✔	✔
备注(显示在名字上,相当于昵称)	✔	✔
描述	✔	✔
初次添加时间	✔	✔
员工对该外部联系人打了什么标签	✔	✔
员工为该外部联系人备注的企业名称	✔	✗
员工为该外部联系人备注的手机号	✔自建应用 ✗第三方应用	✔自建应用 ✗第三方应用
添加来源	✔	✔
主动/被动添加	✔	✔
状态码(该外部联系人添加的是哪一个"联系我"的二维码)	✔	✔

表 2-8 中的"添加来源",可以细分为如表 2-9 所示的具体添加方式。

表 2-9　添加来源细分为具体添加方式

来源标识	来源名称
0	未知来源
1	扫描二维码
2	搜索手机号
3	名片分享
4	群聊
5	手机通讯录
6	微信联系人
7	来自微信的添加好友申请
8	在安装第三方应用时自动添加的客服人员
9	搜索邮箱
201	内部员工共享
202	管理员/负责人分配

2．客户备注

我们可以根据渠道来源、客户填写的表单内容等修改客户备注，如客户的企业名称、客户报名课程的时间、客户来自哪个小区等信息，这样有利于后期精准营销和通过不同策略维护客户。可以修改的客户备注如图 2-26 所示。

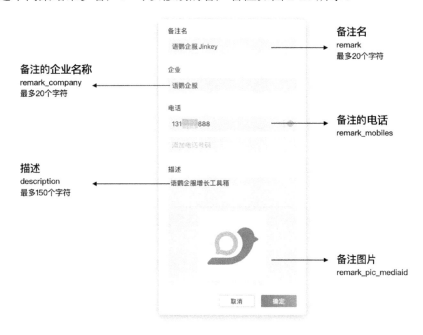

图 2-26　可以修改的客户备注

其中，比较有代表性的是手机号码转换。

销售公海是一种销售制度，企业通过广告投放等手段获得一批手机号码，将这批手机号码导入企业的 CRM 系统，就形成了一个客户池，企业主或销售总监可以从这个客户池中向一线的销售人员分配客户，其他销售人员不得重复跟进。如果超过约定时间还没有成交，那么该客户会自动回到公海中分配给其他销售人员。

如果直接分配手机号码，那么销售人员可能将其变为自己的私人资源。企业微信允许将客户手机号码转换为一串代码，如图 2-27 所示，155××××5678 在处理后会转换为 1abcd2xaba3dxab4sdxa，销售人员只能在企业内部使用，将该代码输入企业微信添加客户的搜索框，可以找到该客户并添加其为好友。该代码的有效期为 30分钟，过期可以由程序重新生成，销售人员依然可以重复使用。

图 2-27　将客户手机号码转换为代码

2.3.3　客户标签

企业可以通过企业微信开放 API 将标签同步到 CRM 系统中，也可以将自身的 CRM 系统数据同步到企业微信标签库中。后者的作用更大，因为企业在服务号和小程序之前已经有了客户画像的积累，所以可将这部分标签同步到企业微信标签库中，并备注到对应客户的客户详情中的标签字段上。这样，在与客户一对一沟通的时候，企业对于运用不同的销售话术和跟进策略便拥有了充分的依据，如客户今年经常购买婴幼儿奶粉且是女性，我们就可以对客户打上"0～1 岁"和"宝妈"的标签，在制定群发 SOP（Standard Operating Procedure，标准作业程序）的时候，选择在中午 12 点到下午 3 点向这部分客户推送消息。

客户标签可以由管理员在企业微信管理后台查看和编辑，如图 2-28 所示。

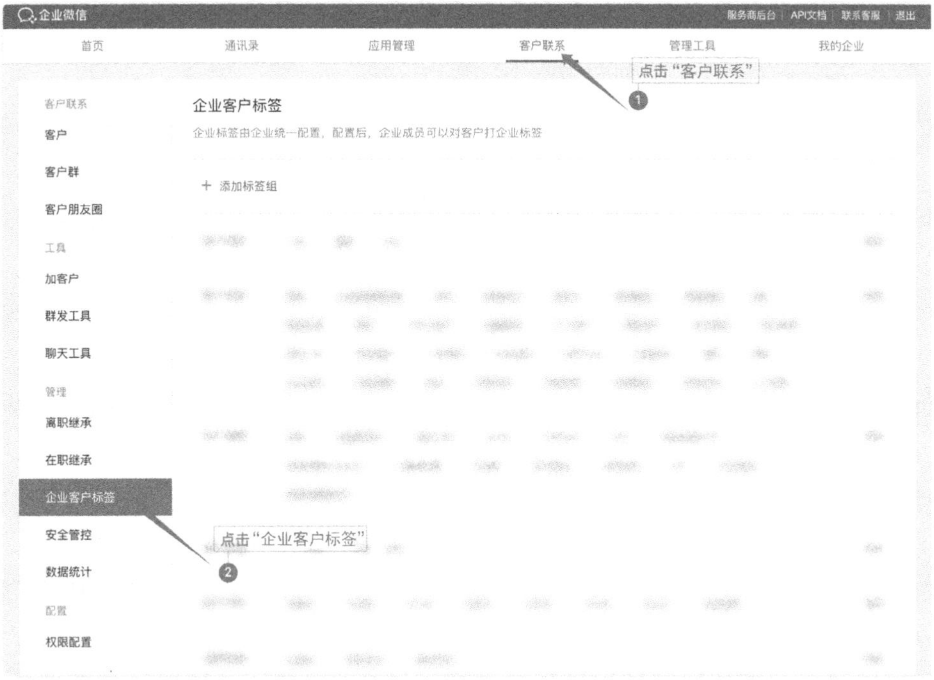

图 2-28　查看和编辑客户标签

需要注意的是，非管理员是没办法打开如图 2-28 所示的这个页面的。不过，如图 2-29 所示，企业可以通过第三方服务商后台精准地控制某个员工或部门只能查看和编辑某个标签组，有效地防止员工编辑权限过大导致企业的整个客户画像库被误操作甚至清空。企业也可以根据经营管理需求自行开发合适的标签管理功能。

图 2-29　第三方服务商后台精准的标签管理功能

标签管理具有以下规则。

① 员工 A 和员工 B 可以对同一个外部联系人打上不同的标签。

② 同一个标签组下最多可以有 100 个标签。

③ 一个企业最多可以创建 100 个标签组。

④ 一个企业最多可以创建 3000 个标签。

⑤ 标签组名称最长为 30 个字符。

⑥ 标签名称最长为 30 个字符。

⑦ 标签可以排序。

⑧ 标签组不可以重名。

⑨ 同一个标签组下的标签不可以重名，不同标签组下的标签可以重名。但在客户详情页中只显示标签，容易混淆，因此不建议同一个标签重复出现。

2.3.4　客户分配

首先，我们可以通过接口获取离职员工的列表，以及每个员工的离职时间。根据这两个信息，我们可以准备一些策略，如把该离职员工的客户自动分配给客户量少的员工或业绩好的员工。需要注意的是，这一策略目前有一个缺陷：如果员工 A 离职，那么系统会将员工 A 的客户分配给员工 B；如果在 24 小时内员工 B 也离职了，那么两个员工的客户会全部丢失。

在分配成功后，我们可以向客户发送自定义消息，最长为 200 个字符。我们可以通过接口查询分配前员工和分配后员工的对应关系，从而实现客户数据的转移，如标签、聊天记录等。如图 2-30 所示，通过这种对应关系转移离职员工的聊天记录，方便客户线索的延续，避免新销售人员因对老客户不熟悉而服务不到位。

图 2-30　转移离职员工的聊天记录

除了分配离职员工的客户，企业也可以把在职员工的客户分配给另一个员工，如一个店长被分派到另一个门店，就可以使用在职继承功能。需要注意的是，每一个客户最多可以被分配 2 次，每次间隔 90 天，且在职继承不影响离职继承的操作。另外，除了分配客户，客户群也是可以分配的。具体操作方法在第 6 章中详细说明。

2.3.5　客户群管理

我们可以通过接口获取客户群的列表，每个群有一个群 ID，通过群 ID 可以查询群成员的信息。如果曾经绑定过公众号或小程序，那么在群成员信息中会有 UnionID，企业可以用于获取和识别客户的微信头像和昵称，或用于广告投放。通过外部联系人在微信开放平台中的 UnionID，我们可以把外部联系人与公众号、小程序中的客户关联起来，但只有当群成员类型是个人微信客户（包括企业员工未添加为好友的客户），且企业或第三方服务商绑定了微信开发者 ID 时才会有此字段。

通过获取客户群管理接口，企业微信可以实现以下功能。

① 群积分。客户添加员工为好友可以获得 10 个积分，进群再获得 5 个积分，在群内留存 30 天还可以获得 30 积分等。

② 进群统计。通过 UnionID 可以区分新客户是被哪个客户邀请进群的，从而精准统计该客户带来了多少新客户，实现客户倍增。

除此之外，企业人员可以获取的客户群信息如表 2-10 所示。

表 2-10　企业人员可以获取的客户群信息

模　　块	获取的信息
群信息	群名称。如果该群刚建立还没有名称，那么客户端会显示群成员昵称作为群名称，但接口获取的显示结果是没有群名称的
	群 ID
	群创建时间
	群公告
	群成员列表
群成员信息	群成员类型（内部员工或外部联系人）
	群成员 UnionID
	群成员进群时间
	群成员进群方式（直接邀请、链接邀请、扫描二维码进群）

2.3.6　客户朋友圈

要想获取客户朋友圈的发表记录，我们可以把企业发表过的所有朋友圈消息做成一个汇总列表显示在员工名片入口中，如图 2-31（a）所示。当客户添加员工为好友时，就可以通过该入口查看企业发表过的所有历史朋友圈消息了，如图 2-31（b）所示。

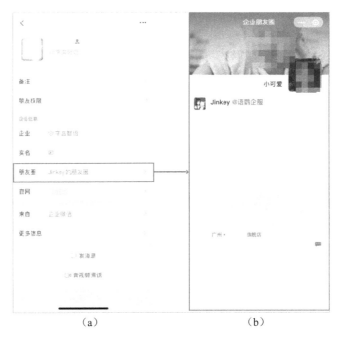

（a）　　　　　　　　　　　　　　（b）

图 2-31　客户通过员工名片入口查看企业发表过的所有历史朋友圈消息

我们还可以获取客户在朋友圈中互动的数据，让客户在查看朋友圈消息、参与朋友圈互动的时候获得积分（积分可以通过积分商城消耗，促进客户长期与品牌进行互动），鼓励客户浏览我们的朋友圈。当有客户浏览我们的朋友圈时，企业微信可以发送通知告知对应的销售人员，以便销售人员及时跟进。

2.4　消息推送能力

2.4.1　推送到外部

1. 客户欢迎语

在我们首次添加客户的时候，系统会告知我们一串 state 参数，用于识别客户添加的是哪一个"联系我"的二维码，允许我们对客户推送一句欢迎语，欢迎语中可以添加销售人员昵称、客户昵称等信息。

我们可以根据不同时间段向客户推送如表 2-11 所示的不同欢迎语，也可以根据上下班时间向客户推送如表 2-12 所示的不同欢迎语。

表 2-11　根据不同时间段推送不同欢迎语

时　间　段	欢　迎　语
早上	早安，××你好，我是你的专属私域运营顾问 Jinkey
中午	午安，××你好，我是你的专属私域运营顾问 Jinkey
晚上	晚安，××你好，我是你的专属私域运营顾问 Jinkey

表 2-12　根据上下班时间推送不同欢迎语

上下班时间	欢　迎　语
上班	××你好，我是你的专属私域运营顾问 Jinkey，请问有什么问题想咨询我呢
假期	××你好，我是你的专属私域运营顾问 Jinkey，我的上班时间是周一到周五的早上 9 点到下午 5 点哦，有什么问题可以在这个时间段内咨询我哦，也可以现在给我留言哦

我们甚至可以根据不同天气、不同渠道、不同门店、不同节假日、不同销售部门、不同客户标签等多种多样的场景，推送不同的消息。不过，企业在推送消息时有以下限制。

① 企业必须在接收添加好友事件 20 秒内推送欢迎语,超出 20 秒则无法推送。

② 当有多个自建/第三方应用接收带有 state 的添加好友事件时,仅最先调用的应用可以成功推送欢迎语。

③ 如果企业已经在企业微信管理后台为相关员工配置了欢迎语,那么自建/第三方应用均无法接收添加好友事件,无法推送个性化欢迎语。

2. 群发消息

与欢迎语不同,群发消息用于添加好友之后的二次触达。将消息群发到外部的能力称为消息群发,按接收对象分类,消息群发可以分为私聊群发和群聊群发;按发送主体分类,消息群发可以分为企业群发和员工群发。

接口只能进行企业群发,不能进行员工群发,且在调用接口创建企业群发之后,消息并不会直接发送给客户或客户群,而是需要员工确认才会发送,且在每个自然月中,同一个客户只能收到 4 次企业群发消息。因此在发送企业群发消息时,企业可以指定一个或多个员工将群发内容发送给他/她的客户。

群发消息具有以下限制。

① 如果不指定员工,直接传入外部联系人 ID 列表,那么群发消息最多可以发送给 1 万个外部联系人。

② 群发文本最长为 4000 个字节。

③ 群发链接的描述最长为 512 个字节。

④ 群发小程序的标题最长为 64 个字节。

⑤ 群发小程序封面的最佳比例为 5∶4。

⑥ 员工群发小程序,必须先在如图 2-32(a)所示的"企业微信管理后台"—"应用管理"—"应用"页面点击"创建应用"按钮,进入如图 2-32(b)所示的页面,再点击"已有小程序快速创建"关联小程序。

⑦ 员工在群发消息的时候,可以发送纯文本,也可以发送文本+图片、文本+链接、文本+小程序等。

企业还可以通过接口获取全部的群发记录和员工执行群发的结果。从执行结果中,企业可以得知以下数据。

① 群发的对象。

② 群发的内容。

③ 需要确认群发的员工。

④ 群发的状态："0"代表未发送，"1"代表已发送，"2"代表因客户不是好友导致发送失败，"3"代表因客户已经收到其他群发消息导致发送失败。

⑤ 群发的时间。

（a）

（b）

图 2-32　关联小程序

企业可以将这些数据作为员工业绩考核的依据，定期复核执行结果，甚至自动且多次地通知未执行的员工。企业向员工推送消息是没有限制的，因为利用的是将消息推送到内部的能力，我会在 2.4.2 节中详细介绍。

2.4.2 推送到内部

与推送到外部的消息具有严格的次数和时间限制不同，推送到内部的消息几乎没有限制。企业微信内部应用支持推送的消息类型包括文本、图片、语音、视频、文件、文本卡片、图文、markdown、小程序、卡片模板等，如表 2-13 所示。应用消息除了支持发送到私聊，还支持发送到内部群聊。如果企业 A 和企业 B 在"企业微信管理后台"—"通讯录"页面创建了互联企业，那么在自建应用的可见范围内可以设置互联企业的通讯录部门或员工，这样就可以向互联企业发送消息了。

每个企业发送消息的次数不允许超过"账号上限数×200 人次/天"（若调用接口一次发送消息给 100 人，则算 100 人次；若企业账号上限数是 100 人，则企业每天可以发送 100 人×200 人次=2 万人次的消息），每一个应用对同一个员工发送的消息不允许超过 30 条/分钟，超过部分会被丢弃无法发送。账号上限数可以在"企业微信管理后台"—"我的企业"—"企业信息"—"已使用/人数上限"页面进行修改，改为"1000 人以上（不含 1000 人）"需要提交证明材料审核。

表 2-13 企业微信内部应用支持推送的消息类型

类 型	图 例	可以自定义的字段
文本	语鹦企服管理后台登录地址，建议用【谷歌浏览器】登录使用哈 →	① 要发送给哪些员工、部门和标签； ② 文本内容； ③ 消息是否保密：可对外分享、不可对外分享且内容显示水印
图片	你终于来了 扫码免费安装体验	① 要发送给哪些员工、部门和标签； ② 图片文件； ③ 消息是否保密：可对外分享、不可对外分享且内容显示水印
语音	·)) 6''	① 要发送给哪些员工、部门和标签； ② 音频文件； ③ 消息是否保密：可对外分享、不可对外分享且内容显示水印

续表

类　型	图　例	可以自定义的字段
视频		① 要发送给哪些员工、部门和标签； ② 视频文件； ③ 标题； ④ 描述； ⑤ 消息是否保密：可对外分享、不可对外分享且内容显示水印
文件	企业微信私域管家介绍_语鹦企服…12版本.pdf 34.2M	① 要发送给哪些员工、部门和标签； ② 文件； ③ 消息是否保密：可对外分享、不可对外分享且内容显示水印
文本卡片	领奖通知 2016年9月26日 恭喜你抽中iPhone 7一台，领奖码：xxxx 请于2016年10月10日前联系行政简事领取 详情	① 要发送给哪些员工、部门和标签； ② 标题； ③ 描述； ④ 跳转的链接； ⑤ 按钮文字，默认为"详情"； ⑥ 消息是否保密：可对外分享、不可对外分享且内容显示水印
图文	语鹦企服私域管家 语鹦企服企业微信私域管家是干什么的，都有哪些功能？ 语鹦企服私域管家（　　）是基于企业微信的新一代CRM工具，集合一码智能分配多个销售，展示企业微信历史朋友圈、裂变海报验证进群工具、跨平台话术库、智能欢迎语等众多工具于一身。	① 要发送给哪些员工、部门和标签； ② 一次支持发送 8 个图文，每个图文包含标题、作者、缩略图、阅读原文内容、图文消息内容 666KB 个字节、描述等 6 个列举项； ③ 消息是否保密：可对外分享、不可对外分享且内容显示水印
markdown	服务监控 服务接口异常 IP 请求地址 请求参数 {} 堆栈信息 Not found: '/'	① 要发送给哪些员工、部门和标签； ② markdown 内容； ③ 消息是否保密：可对外分享、不可对外分享且内容显示水印

类　型	图　例	可以自定义的字段
小程序		① 要发送给哪些员工、部门和标签； ② 小程序名称； ③ 标题； ④ 描述； ⑤ 是否放大第一个消息内容； ⑥ 10 个或 10 个以下的键值对，key 为 10 个汉字以内，value 为 30 个汉字以内； ⑦ 消息是否保密：可对外分享、不可对外分享且内容显示水印
卡片模板-文本通知型		① 要发送给哪些员工、部门和标签； ② 来源的图片和描述； ③ 一级标题和标题辅助信息； ④ 关键数据标题和描述； ⑤ 二级普通文本； ⑥ 二级标题+文本（可带链接）； ⑦ 跳转项（可跳转到网页或小程序）
卡片模板-图文展示型		① 要发送给哪些员工、部门和标签； ② 来源的图片和描述； ③ 一级标题和标题辅助信息； ④ 图片； ⑤ 二级普通文本； ⑥ 二级标题+文本（可带链接）； ⑦ 跳转项（可跳转到网页或小程序）

续表

类　　型	图　　例	可以自定义的字段
卡片模板-按钮交互型	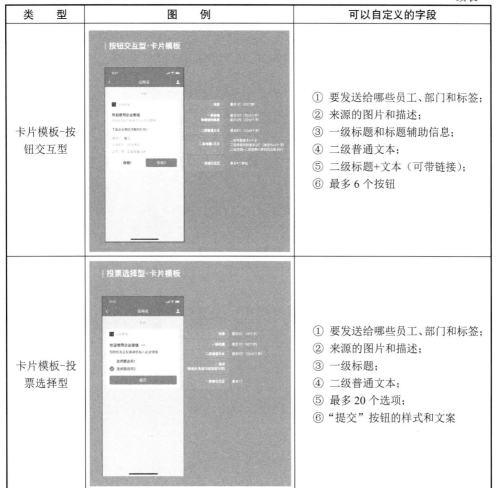	① 要发送给哪些员工、部门和标签； ② 来源的图片和描述； ③ 一级标题和标题辅助信息； ④ 二级普通文本； ⑤ 二级标题+文本（可带链接）； ⑥ 最多 6 个按钮
卡片模板-投票选择型		① 要发送给哪些员工、部门和标签； ② 来源的图片和描述； ③ 一级标题； ④ 二级普通文本； ⑤ 最多 20 个选项； ⑥ "提交"按钮的样式和文案

2.5　会话内容存档能力

2.5.1　会话内容存档是什么

　　会话内容存档是企业微信为了让企业对员工聊天内容是否合规进行监管、保障客户服务质量和提高内部沟通效率而推出的功能。在存档范围内的员工会收到其正在被存档的提示，其客户也会收到当前会话可能被存档的提示。在开启会话内容存档功能后，企业可以通过 API 获取最近 3 天的聊天记录，并将其长期保存到服务商或企业的服务器中。

企业在开启会话内容存档后可以存档的消息类型如表 2-14 所示。

表 2-14　开启会话内容存档后可以存档的消息类型

类　　型	图　　例
文本	语鹊企服管理后台登录地址,建议用【谷歌浏览器】登录使用哈 →
图片	—
撤回消息	上午11:53　你撤回了一条消息 重新编辑
同意存档的会话内容	对方不同意存档会话内容,你将无法继续提供服务　对方同意存档会话内容,你可以继续提供服务
视频	免费体验 0:10
名片	语鹊企服　Jinkey　Jinkey　销售总监
地理位置	海珠区
表情	努力奋斗
文件	企业微信私域管家介绍_语鹊企服...12版本.pdf　34.2M
链接	企业微信如何加好友自动拉群　用到功能:员工活码 个性化欢迎语 群活码

类　　型	图　　例
小程序	
聊天记录	
其他（日程、待办、投票、填表、企业红包、互通红包、在线文档、会议邀请、切换企业消息、markdown 消息、混合消息、语音通话音频）	—

2.5.2　会话内容存档的作用

借助企业微信开放的会话内容存档功能，企业可以实现以下场景。

1．还原会话内容

管理员可以在统一的企业微信管理后台监管员工的会话内容，查看员工是否及时回复客户消息，也可以提取部分销售冠军或优秀的社群运营案例供员工交流学习。如果是金融审计行业，那么管理员可以保存会话内容以满足监管需求，如防止保险人员在介绍保险产品的时候没有充分告知客户该产品的条款。该功能还可以防止员工飞单、私自接单等，医美、培训、旅游等行业的销售人员收回扣或飞单行为时有发生，监管会话内容能够帮助企业及时挽回损失。

2．敏感词监控

该功能支持设定敏感词并导入词库，如抽佣、返点、加 v、+vx 等，在员工发送包含敏感词的消息后，该功能可以通知管理员查看上下文或对员工进行批评教育等。

3．特殊会话内容监控

若发生客户向员工发送互通红包、个人微信名片等行为，则该功能可以及时通知管理员。

4．随机内容质检

该功能可以从会话内容中随机抽取部分内容，包括文字、图片、语音等，以便管理员人工审核，查找"漏网之鱼"。

2.6　直播能力

企业微信具备以下直播能力。

1．管理预约

我们可以通过接口自动创建、修改、取消直播预约，还可以修改直播预约的标题、开始时间、持续时长、直播简介、直播前多久提醒客户等属性。

2．删除直播回放

该能力可以防止视频被二次传播，造成公关危机。

3．获取员工直播列表

我们可以获取指定员工对应的直播列表。

4．获取直播详情

我们可以获取直播的标题、开始时间、持续时长、直播描述、直播类型、直播间状态、主播、主播所在部门、观看直播的总人数、评论数、连麦发言人数、是否允许回放、回放状态（生成成功、正在生成、已删除、生成失败）等。通过每分钟获取一次直播详情，企业可以实现对直播活动指标的实时统计，从而对直播中每一分钟内容的热度进行精细化分析，准确把握观众的兴趣点，为后续的直播内容和选题提供数据支撑。

5．获取直播观众列表

我们可以获取观看直播的外部联系人 ID、内部员工 ID、观众观看时间、观众是否评论、观众是否连麦发言等。通过直播观众列表，我们可以定向地对看过某场直播的客户批量打标签，如根据客户观看直播的时长对客户打上"忠实客户"或"过客客户"的标签，还可以定向地对某场直播的客户群发消息，或将其设置为投放广告的定向人群包。

关于企业微信接口能力的讲解至此就告一段落了。众多开放接口为企业提供了丰富的内部管理和外部联系的二次开发能力，企业可以根据自身的业务需求开发更符合自身特点的垂直应用。同时我建议企业不要重复"造轮子"，目前市面上基于企业微信已经开发了很多第三方应用，语鹦企服私域管家就是其中之一，因此能通过第三方应用实现的功能，企业可以直接使用第三方应用以节省人力、物力。

企业微信注册、认证、"养号"与异常处理

3.1 注册企业微信账号

企业要想使用企业微信搭建私域流量池,首先需要拥有一个企业微信账号。与个人微信账号不同,企业微信账号属于企业,需要管理员在注册后登录企业微信管理后台完成配置,然后员工到应用商店中下载企业微信 App 才能使用。

第 3 章将详细讲解企业微信账号的类型和区别,并介绍企业微信账号如何注册、如何认证更省钱、如何给企业微信"养号"以免被封,以及万一账号被封如何申请解封、降低损失。你准备好了吗?

3.1.1 企业微信账号的类型

企业微信账号的类型有两种,一是企业账号,二是团队账号。企业微信企业账号如图 3-1 所示,企业微信团队账号如图 3-2 所示。虽然这两种账号看起来很相似,但是两者的功能和使用场景并不相同。

识别这两种账号最简单的方法是点击企业名称查看详情,如果详情显示的首行信息是如图 3-1(b)所示的"企业简称",那么该账号是企业账号;如果详情显示的首行信息是如图 3-2（b）所示的"团队名称"，那么该账号是团队账号。接下来，我会说明这两种账号的区别和注册方法。

（a）

（b）

图 3-1　企业微信企业账号

（a）

（b）

图 3-2　企业微信团队账号

3.1.2 企业账号与团队账号的区别

企业账号与团队账号的具体区别如下。

1. 功能：企业账号的功能比团队账号的功能更丰富

企业微信 3.0.12 版本之前的版本只供企业注册，员工在下载企业微信 App 后需要注册企业账号才能使用。企业微信 3.0.12 版本之后的版本开放了个人账号，员工在下载企业微信 App 后无须注册企业账号，直接通过微信登录就能使用企业微信的部分功能。

在完成注册后，企业微信团队账号页面如图 3-3 所示，其具备企业微信企业账号的部分移动办公功能，如消息、日程、文档、会议、待办、直播、红包等。企业微信团队账号也支持添加微信客户为外部联系人，适合临时组建项目或小团队沟通。

| （a） | （b） | （c） |

图 3-3　企业微信团队账号页面

与企业微信团队账号不同，如图 3-4 所示，企业微信企业账号工作台不仅拥有大量的移动办公工具，如公告、请假、报销、考勤等，还可以接入丰富的第三方 OA

和 CRM、SCRM 应用，并提供客户联系、客户群、客户朋友圈等企业营销功能，这些功能是企业微信团队账号所不具备的。

（a）　　　　　　　　　　　　（b）

图 3-4　企业微信企业账号工作台

除此之外，企业微信团队账号是没有管理后台的。企业微信企业账号则有如图 3-5 所示的管理后台，可以统一管理成员的应用使用权限、客户资源、客户群和客户朋友圈等。

图 3-5　企业微信企业账号管理后台

2．人数上限：企业账号可以比团队账号容纳更多的外部联系人

在账号的人数上限方面，企业微信团队账号的通讯录最多可以添加 200 名成员，每一名成员最多可以添加 1 万个外部联系人，即整个团队账号最多可以添加 200 万个外部联系人。而企业微信企业账号在通过认证后，每一名成员的初始外部联系人上限是 5000 人，最高可以扩容到 2 万人，整个企业账号的初始外部联系人总人数是 5 万人，达到上限后还可以无限次扩容，每次可以扩容 5 万人，从这一意义上讲，企业账号基本上没有外部联系人的人数限制。团队账号和企业账号（已认证）的具体人数上限对比如表 3-1 所示。

表 3-1　团队账号和企业账号（已认证）的具体人数上限对比

具体人数上限	团队账号	企业账号（已认证）
通讯录人数	200 名	无上限
成员可添加的外部联系人	1 万人	初始值 5000 人，最高可以扩容到 2 万人
账号可添加的外部联系人总人数	200 万人	初始值 5 万人，达到上限后可以无限次扩容，每次可以扩容 5 万人

3．使用场景建议

我的建议是，如果不需要使用企业微信管理客户，只需要临时进行项目管理和协作，那么企业可以注册企业微信团队账号，将其作为一个简单的内部沟通和协作的工具，甚至可以当成另外一个微信小号。如果需要使用企业微信进行移动办公和连接、管理客户，那么企业需要注册企业微信企业账号，这样才能拥有更多高级的权限和功能。

本书讨论的私域流量话题，都是围绕企业微信企业账号展开的。虽然个人账号也能用于搭建私域流量池，但是个人账号的限制较多，本书不对其进行重点讨论。

3.1.3　注册企业微信团队账号的方法

以下是注册企业微信团队账号的方法，有需要的读者可以参考。

方法一：微信授权注册

首先，企业人员在应用商店中下载企业微信 App，在如图 3-6（a）所示打开 App 后授权微信登录，并如图 3-6（b）所示填写相关信息，就可以注册企业微信团队账号并使用企业微信的部分功能了。

（a）　　　　　　　　　　　（b）

图 3-6　微信授权注册企业微信团队账号

方法二：切换身份注册

如果企业人员已注册企业微信企业账号，那么可以在企业微信 App 中依次点击"我"—"设置"—"切换身份"—"全新创建"注册团队账号。企业人员在点击"全新创建"后进入如图 3-7（a）所示的页面，点击底部的"个人组建团队"按钮，进入如图 3-7（b）所示页面，填写团队名称和姓名，点击"完成"按钮，即可注册如图 3-7（c）所示的企业微信团队账号。

企业微信团队账号虽然不如企业微信企业账号功能丰富，但也适用于一些不错的应用场景，如它可以作为个人的第二个微信号用于对外沟通。以上是企业微信团队账号的注册方法，3.1.4 节将重点介绍注册企业微信企业账号的方法。

（a）　　　　　　　　　　（b）　　　　　　　　　　（c）

图 3-7　切换身份注册企业微信团队账号

3.1.4　注册企业微信企业账号的方法

2020 年，企业微信开放了注册绿色通道，注册流程变得非常简单。企业人员只需要填写相关信息并完成认证，不到一天时间就能免费拥有一个正式的企业微信企业账号。以下是 3 种常用的注册企业微信企业账号的方法。

方法一：企业微信官网注册

企业人员登录如图 3-8 所示的企业微信官网，点击"立即注册"按钮，填写如图 3-9 所示的相关信息并扫码绑定微信，点击"注册"按钮就可以了。在完成注册后，企业账号就拥有了客户联系、客户群、客户朋友圈等营销功能。

之后，个人在苹果应用商店或安卓应用商店中搜索企业微信 App 并下载，如图 3-10（a）所示，通过刚刚注册的微信或手机号登录，就可以使用企业微信如图 3-10（b）所示的基础功能了。

企业微信
企业登录
下载
让每个企业都有自己的微信
立即注册

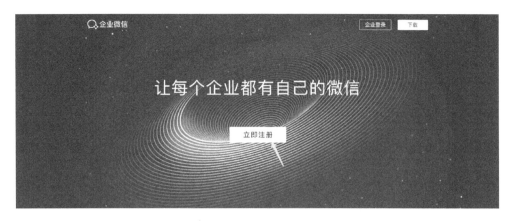

图 3-8　企业微信官网

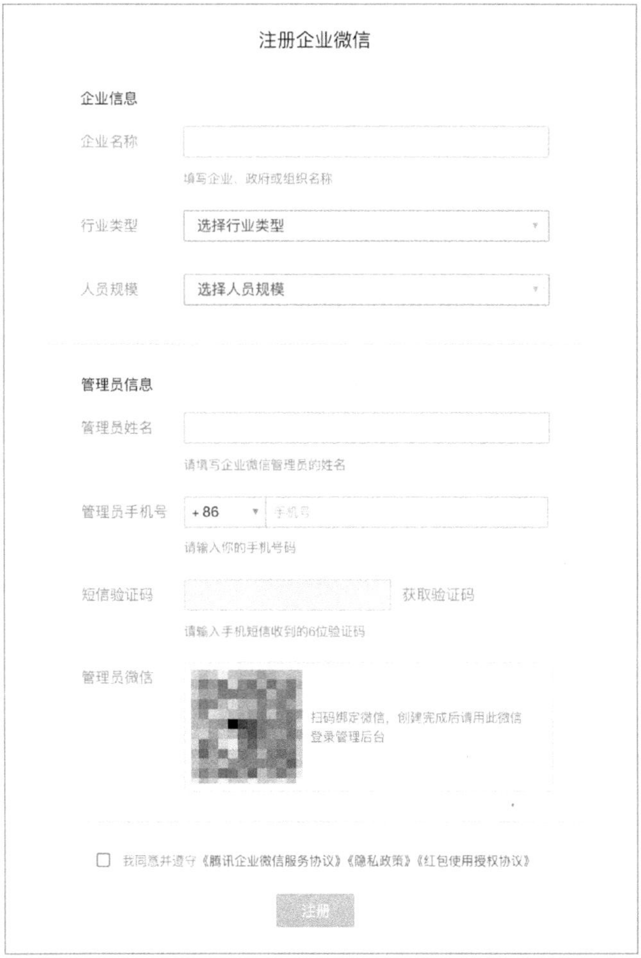

注册企业微信
企业信息
企业名称
填写企业、政府或组织名称
行业类型
选择行业类型
人员规模
选择人员规模
管理员信息
管理员姓名
请填写企业微信管理员的姓名
管理员手机号
+86
手机号
请输入你的手机号码
短信验证码
获取验证码
请输入手机短信收到的6位验证码
管理员微信
扫码绑定微信，创建完成后请用此微信登录管理后台
我同意并遵守《腾讯企业微信服务协议》《隐私政策》《红包使用授权协议》
注册

图 3-9　填写相关信息注册企业微信

（a） （b）

图 3-10　个人登录企业微信

方法二：通过企业微信 App 注册

如果企业人员已经下载并登录过企业微信 App，那么可以通过企业微信 App 注册全新的企业账号。企业人员在企业微信 App 中依次点击"我"—"设置"—"切换身份"打开如图 3-11（a）所示的页面，点击"全新创建"按钮，进入如图 3-11（b）所示的页面选择相应的类型，再进入如图 3-11（c）所示的页面补充信息即可完成注册。以创建"企业"类型的企业账号为例，企业人员需要填写所在企业、行业类型、人员规模、姓名等信息。

方法三：扫描服务商推广码注册

如果企业有自己的企业微信服务商，那么可以通过扫描服务商提供的推广码注册企业微信。如图 3-12 所示，企业人员通过微信扫码下载企业微信，下载后填写注册信息并创建"企业"类型的企业账号，即可完成企业微信的注册。

以上就是注册企业微信企业账号的 3 种常用方法。需要强调的是，1 个身份证号、手机号、营业执照、组织机构代码，最多可以注册 5 个企业微信企业账号。

（a）	（b）	（c）

图 3-11　通过企业微信 App 注册企业微信

图 3-12　扫描服务商推广码注册企业微信

注册企业微信企业账号是完全免费的,但注册后的企业微信企业账号仍处于未验证/未认证状态,企业需要通过验证或认证才可以拥有更多的功能权限。

与微信公众号账号认证类似,企业微信企业账号的认证费用是 300 元/年,企业在提交相关资料并支付 300 元后,等待 1～7 个工作日即可完成认证。当然,企业也可以通过公众号授权的方式免费认证，节省 300 元/年的认证费用，这一点我会在 3.2 节中重点说明。

3.2 企业微信这样验证/认证更省钱

3.1 节介绍了企业微信企业账号需要通过验证/认证才可以拥有更多的功能权限，那么企业验证/认证与否有什么区别呢？

① 人数上限。未验证/未认证的企业，企业通讯录成员上限为 200 名。已验证/认证的企业，初始客户上限为 5 万人，单个成员的客户上限为 5000 人，在客户人数达到上限后可以申请扩容，且扩容次数无上限，从这一意义上讲，已验证/认证的企业账号几乎没有人数限制。

② 功能权限。在未验证/未认证的情况下，企业微信的使用有一些限制，包括无法自定义启动页、红包封面样式及企业简称不具有唯一性、对外名片显示带红色问号"❓"的"未验证"标识（如图 3-13 所示）等，这些限制不利于维护企业的对外形象及更多高级接口功能的使用。

图 3-13 对外名片显示带红色问号"❓"的"未验证"标识

企业微信未验证与主体验证、企业微信认证的详细区别，如表 3-2 所示。

表 3-2 企业微信未验证与主体验证、企业微信认证的详细区别

功　　能	未　验　证	主　体　验　证	企业微信认证
通讯录人数上限	200 名	无限制	无限制
与微信互通的能力	支持	支持	支持
自定义启动页	不支持	支持	支持
自定义红包封面样式	不支持	支持	支持
对外名片展示	显示"未验证（❓)"标识	正常	显示"已认证（V）"标识

续表

功　　能	未　验　证	主　体　验　证	企业微信认证
企业简称具有唯一性	不支持	不支持	支持
若基于商标命名，则企业微信简称无须包含在企业全称内	不支持	不支持	支持
企业支付	不支持	不支持	支持
分享接口	不支持	不支持	支持
选择微信卡包中的电子发票的接口	不支持	不支持	支持

　　企业微信认证相当于验证的高级版，如果企业微信已经认证，就无须再进行验证了。

　　验证的方法很简单，可以通过主体对公随机转账或法人微信扫码两种方式进行。若是学前教育和初中等教育企业，则需要提供营业执照/事业单位法人证书及管理员的在职证明进行主体资料验证；海外企业也需要提供资料验证。验证无须付费，对公转账金额会在验证成功后原路退回。

1．验证企业信息

　　验证企业信息的具体操作如下：首先，管理员打开企业微信 App，依次点击如图 3-14（a）所示的"工作台"—"管理企业"，进入如图 3-14（b）所示页面点击"企业信息"按钮，再点击如图 3-14（c）所示箭头所指的"进行验证"即可。

（a）　　　　　　　　　　（b）　　　　　　　　　　（c）

图 3-14　验证企业信息

然后，管理员依次点击如图 3-15（a）所示的"通过提交资料验证"、如图 3-15（b）所示的"企业法人验证"，进入如图 3-15（c）所示的页面填写相关信息并点击"提交"按钮即可。

（a）　　　　　　　　　　（b）　　　　　　　　　　（c）

图 3-15　提交企业法人验证信息

2. 认证企业微信的两种方式

企业可以通过全新认证和微信公众号快捷认证两种方式进行认证。其中，全新认证需要企业提交主体证明材料，并支付 300 元的认证审核费用，具体操作方法见下文。

微信公众号快捷认证方式相当于借用公众号的认证信息，如果企业有基于商标命名的公众号，那么无须支付企业微信的认证审核费用，可以节省 300 元。使用这种方式的前提是微信公众号与企业微信是同一主体，且公众号简称连续包含在企业全称内或基于商标命名。

以相宜本草为例。相宜本草的企业全称是如图 3-16（c）所示的"上海相宜本草化妆品股份有限公司"，且相宜本草基于商标命名注册了如图 3-16（a）所示的"相宜本草"公众号，如图 3-16（b）所示的公众号主体与企业微信主体一致，此时相宜本草的企业微信可以通过公众号快捷认证企业简称为"相宜本草"的企业微信。

（a）　　　　　　　　　　（b）　　　　　　　　　（c）

图 3-16　相宜本草公众号快捷认证企业微信示例

那么，企业具体如何验证/认证企业微信呢？有以下两条路径。

路径一：企业微信管理后台验证/认证

管理员扫码登录企业微信管理后台，依次点击"我的企业"—"企业信息"—"验证主体信息"按钮，如图 3-17 所示。

图 3-17　登录企业微信管理后台点击"验证主体信息"按钮

进入"验证主体信息"页面，管理员可以选择"通过微信公众号授权验证"或"通过提交资料验证"两种验证方式，如图 3-18 所示。

图 3-18　两种验证方式

1）通过微信公众号授权验证

这种验证方式适用于公众号主体与企业微信主体一致，且公众号简称连续包含在企业全称内或基于商标命名的情况。

具体验证流程如下：管理员点击如图 3-18 所示的"通过微信公众号授权验证"，如图 3-19 所示使用公众平台绑定的管理员个人微信号扫描授权即可验证成功。

公众平台帐号授权

使用公众平台绑定的管理员个人微信号扫描

此二维码仅用于演示，已失效

图 3-19　通过微信公众号授权验证

2）通过提交资料验证

这种验证方式适用于没有公众号或公众号主体与企业微信主体不一致的情况，推荐企业或个体工商户选择法人验证。

具体验证流程如下：管理员点击如图 3-18 所示的"通过提交资料验证"，打开如图 3-20 所示的页面，选择"企业微信认证"，打开如图 3-21 所示的页面点击"认证"按钮，按照提示进行认证并支付 300 元的审核费用，等待审核通过即可。

图 3-20　通过提交资料验证

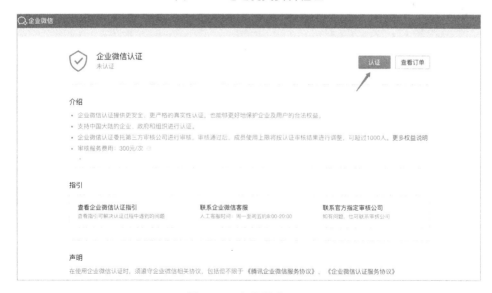

图 3-21　企业微信认证

管理员也可以选择如图 3-20 所示的"法定代表人验证"或"支付验证",如图 3-22 和图 3-23 所示提交相关资料,等待审核通过即可。

图 3-22　法定代表人验证

图 3-23　支付验证

路径二：企业微信 App 验证/认证

验证/认证操作也可以通过企业微信 App 完成。管理员打开企业微信 App，依次点击如图 3-24（a）所示的"工作台"—"管理企业"、如图 3-24（b）所示的"企业信息"、如图 3-24（c）所示的"进行验证"，选择对应的方式验证/认证即可，操作方法与网页版类似，这里不再赘述。

图 3-24　企业微信 App 验证/认证

3.3　搭建私域流量池的第一步：如何进行"养号"与异常处理

很多企业在完成企业微信的注册后急于添加好友，但刚添加了几个好友就被系统提示"操作异常"或"添加外部联系人失败"，甚至被封号，限制互通功能。这是什么原因呢？

其实，企业微信内部有一套评估企业主体"权重"的机制（企业微信本身没有"权重"的说法，使用这个说法是为了方便读者理解）。企业微信账号权重越高，运营权限越高，受到的限制越少，每天可以添加的好友人数就越多。据腾讯官方介绍，目前企业微信添加好友的频率和数量上限，是根据企业的使用情况和微信客户的投诉反馈情况由系统自动计算得出的，并非固定值，不过腾讯官方没有对外透露具体的计算方式。

经常有大量的客户问我：企业微信添加好友有没有限制？企业微信每天可以添加多少好友？根据实践经验，企业微信的添加好友规则和限制规则如表 3-3 所示。

表 3-3　企业微信的添加好友规则和限制规则

限制类型	添加好友规则	限制规则
被动添加限制	500～5000 人/天	被限制 12～24 小时
主动添加限制	60～300 人/天	被限制 12～24 小时

从表 3-3 中可以看出，企业微信每天可以添加的好友数量是有限制的，且主动添加受到的限制远大于被动添加受到的限制，甚至有些权重低的企业微信员工账号，每天主动加不了几十个客户，功能就被限制了，这一点是企业在使用企业微信的过程中需要注意的。不过与微信的添加好友限制相比，企业微信的添加好友限制宽松了很多，这对于企业降低企业微信账号的维护成本和"养号"成本还是非常有利的。

除了主动添加，下文还会系统地介绍在哪些情况下企业微信容易受到限制，帮你规避在企业微信私域流量运营中的陷阱，并分享如何提高企业微信账号权重。

3.3.1　在哪些情况下企业微信账号容易受到限制

通过上文我们已经知道，如果企业微信账号每天主动或被动添加的好友人数过多，或每天添加的好友人数超过账号每天可以添加的好友人数上限，就会受到限制。除此之外，以下几种情况也容易导致企业微信账号受到限制。

① 在 30 天内新注册的账号频繁添加好友。

② 企业微信绑定的微信异常，导致企业微信功能受限。

③ 账号频繁拉群，导致拉群功能受限。

④ 账号使用违规工具，如使用违规软件实现企业微信多开、批量添加好友等。

⑤ 账号频繁发布骚扰广告或因其他原因被客户投诉且审核通过。

企业微信账号被限制的表现包括但不限于以下几种。

① 外部联系人权限被关闭。客户无法添加员工，员工也无法添加客户。

② 账号无法邀请客户进群。如果客户进群，那么群主的企业微信账号会被强

制退出登录。

③ 群内发送消息失败。发出消息后显示红色感叹号，群内无法收到消息。

④ 账号永久封禁。账号无法再登录企业微信。

我曾有一个客户因为使用了违规工具，其企业微信账号被限制每天只能添加六七个客户，且无法邀请客户进群，即使客户扫码进群，该账号也会被强制要求重新验证身份才能登录。可见，使用违规工具可能带来一时的便利，但因为使用违规工具而得不偿失、浪费时间就没有意义了。这也是我一直对企业强调在企业微信生态下要按规范操作，不要使用违规工具的原因。

如果企业在一开始没有精心运营企业微信，或由于不清楚规则导致企业微信功能受限，也不用惊慌，可以尝试采用以下方法处理。

① 账号立即停止使用或卸载违规工具。

② 账号等待 24～48 小时恢复正常再使用。

③ 账号换主动添加为被动添加，降低功能受限风险。企业可以借助"员工活码+福利"被动引流的方法，吸引客户主动添加员工，具体方法会在 4.3.1 节和 4.3.4 节详细说明。

④ 企业联系企业微信客服人员或服务商协助处理。

接下来，我会介绍 4 个在账号被封或功能受限后，企业联系企业微信官方工作人员或服务商（如语鹦企服）的方法。

3.3.2　账号被封或功能受限怎么办

如果企业在前期没有做足"养号"的准备，也没有通过以上各种方法规避风险，导致账号被封或功能受到限制，应该怎么办呢？以下是 4 个常用的方法，帮助企业快速联系企业微信官方工作人员或服务商申请协助排查问题或解除限制。

方法一：企业微信 App 联系客服人员

这个方法需要管理员登录企业微信 App，进入如图 3-25（a）所示的页面，在顶部的搜索框内搜索"客服"，并打开如图 3-25（b）所示的与客服人员对话的页面，在对话框中输入"人工"即可联系客服人员。在咨询时，记得把你遇到的问题描述清楚并提供对应的截图，这样很快就能得到回复。需要注意的是，非企业微信管理员无法与企业微信客服人员取得联系，需要联系管理员进行处理。

| （a） | （b） |

图 3-25　企业微信 App 联系客服人员

方法二：企业微信管理后台联系客服人员

这个方法需要管理员登录企业微信管理后台，点击如图 3-26 所示页面右上角的"联系客服"按钮，联系企业微信客服人员。若管理员已登录企业微信电脑端，则点击弹出页面中的"点击联系客服"按钮，即可唤起企业微信电脑端"我的客服"对话窗口。

图 3-26　企业微信管理后台联系客服人员

方法三：企业微信公众号联系客服人员

如果你关注了企业微信公众号，那么也可以点击企业微信公众号菜单中的"找我们"—"联系客服"按钮联系企业微信客服人员，如图 3-27 所示。在点击"联系客服"按钮后，系统会提示"请通过底部对话框输入您的问题"，记得把你遇到的问题描述清楚并提供对应的截图，这样很快就能得到回复。

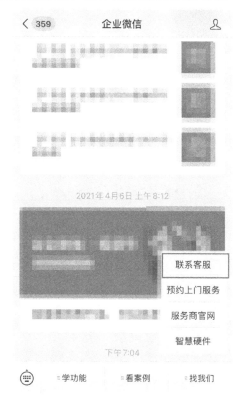

图 3-27　企业微信公众号联系客服人员

方法四：联系服务商协助解决

以上 3 个方法都可以联系企业微信客服人员。如果企业想更好、更快地解决问题，那么还可以通过服务商与企业微信团队取得联系。如图 3-28 所示，我曾协助很多客户整理运营过程中的材料交给企业微信团队评估，帮助客户排查问题或协助解封、解除限制，大大降低了客户与企业微信团队的沟通成本，缩短了客户的企业微信功能受限的时间。

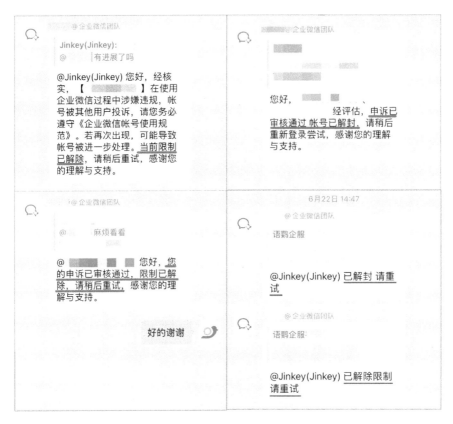

图 3-28　服务商协助客户解封、解除限制示例

3.3.3　如何提高企业微信账号权重及"养号"

通过上文我们知道，如果企业微信账号权重不高或违规操作，账号功能就会受到各种限制。但企业微信营销难免需要加好友、发广告，权重不高容易影响营销任务的执行。虽然企业微信的"权重"规则从来没有公开过，但是通过研究，我们发现其权重分配与企业微信账号的活跃度密切相关。接下来，我会向大家提供一些提高企业微信账号权重及"养号"的方法。

1．注册提权

我们知道，企业微信必须绑定个人微信账号才可以使用，因此企业在注册和使用企业微信时，绑定权重高、无违规记录的个人微信账号可以有效提权。

2．认证提权

企业在注册好企业微信后，可以通过验证/认证拥有更高的权限。完成验证/认证的企业微信可信度更高，在企业简称处会显示一个"已认证"的小绿标，如图 3-29 所示。具体方法详见 3.2 节。

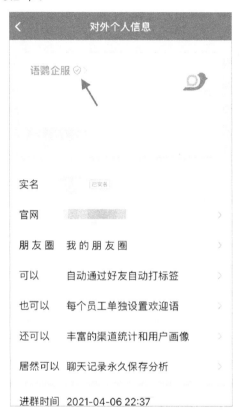

图 3-29　完成验证/认证的企业微信显示"已认证"的小绿标

3．实名提权

员工账号实名认证也能帮助企业微信账号提高权重。实名认证的方法很简单，所有员工打开企业微信 App，依次点击如图 3-30（a）所示的"我"—"设置"、如图 3-30（b）所示的"账号"、如图 3-30（c）所示的"微信"，绑定微信并实名认证即可。

图 3-30　员工实名认证的方法

实名认证后的员工账号真实度更高，不会出现红色问号的风险提示，开展营销活动更让客户放心。实名认证后的员工账号还可以添加外部联系人，沉淀私域流量。

4. 活跃提权

企业微信的活跃度越高，权重越高。企业可将企业成员全部添加到企业微信中，并保持在最近 30 天内正常使用企业微信的人数不少于 20 人，这样可以有效提高企业微信权重，企业微信的成员使用分析如图 3-31 所示。另外，企业内部的沟通、打卡、审批、汇报等都可以使用企业微信，全面提高企业微信的活跃度。

5. 支付提权

账号开通企业微信支付也可以有效提高权重，如发红包（如图 3-32 所示）、抢红包、收付款等，多多益善，这样可以加快企业微信账号提高权重的速度。

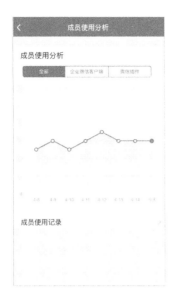

图 3-31　企业微信的成员使用分析　　　图 3-32　使用企业微信发红包

6．第三方应用提权

员工在账号中可以多添加一些第三方应用，如图 3-33（b）所示的腾讯自主研发的免费应用腾讯云、TAPD、腾讯乐享等，这样也可以提高账号权重。

（a）

（b）

图 3-33　在账号中添加第三方应用

7．应用管理提权

管理员可以在企业微信管理后台的"应用"页面把能开启的应用全部开启，如图3-34所示，还可以结合"活跃提权"的方法。

图3-34 "应用"页面开启全部应用

8．服务商应用提权

企业通过企业微信平台预约授权服务商，享受企业微信客户端操作指导、管理后台操作指导、应用配置、行业解决方案分享等免费服务，也可以提高企业微信账号的权重。

9．避免违规降权

减少微信客户的投诉行为，包括投诉、拉黑、删除等，有利于提高企业微信账号的权重。同时，企业应遵守企业微信账号的使用规范，不得违规操作。

以上就是通过提高企业微信权重来"养号"的方法，"养号"时间为一周至一个月不等，"养号"时间越长，企业微信活跃度越高，账号权重越高，受到的限制就越少，包括但不限于以下几方面。

1．降低账号受限可能性

目前，企业微信很少出现直接封号的情况，多是活跃度不高的账号比较容易受到限制，如账号在连续添加了十几个好友后当天不能继续添加好友。而权重高、活跃度高的企业微信账号，在连续添加十几个好友后受限的可能性较低。

2．缩短账号受限时间

企业营销难免需要推送广告，但频繁推送广告会在一段时间内使账号功能受到限制。若企业微信账号权重较高，则账号受限时间较短。

3．缩小受限员工账号范围

企业微信权重越高，受限员工账号范围就越小。在同一个企业主体内，如果有部分员工账号受到限制，那么对于权重高的企业微信来说，这种影响不会波及其他员工账号。

明白了企业微信权重和提高活跃度的重要性，企业在运营企业微信时可以更加有的放矢。不过，提高企业微信权重需要一个过程。有时候，企业活动时间紧迫，"养号"时间又不足，难道就不能使用企业微信承接海量客户了吗？其实不然，企业在"养号"期间也可以使用企业微信承接客户，我会在 3.4 节中介绍在企业微信权重不高时，企业如何正确使用企业微信承接海量客户。

3.4　在企业微信权重不高时，如何正确承接海量客户

通过上文我们知道，在企业微信权重不高时，企业微信员工账号每天可以承接的客户数量很少。如果有多个企业微信员工账号进行分流，或将客户引流到承接量更大的载体中，就能解决这个问题。下面介绍两种方法，帮你正确承接海量客户。

方法一：群活码承接海量客户

我们知道，在企业微信推出 3.1.0 版本后，客户群可以扩容到 500 人，且支持每一个群的前 200 人自助扫码进群，结合企业微信群活码功能，一个群活码最多可以支持 1000 人扫码进群。这样，企业只需要一个群活码即可承接海量客户。群活码不仅长期有效，还可以每满 200 人自动创建新群。通过一些小技巧，群活码还可以实现不限制人数进群和一码承接海量客户，避免客户被挡在群外，我就曾用这种

方法轻松创建了上百个客户群。如图 3-35 所示，很多餐饮门店摆放了各式各样的群活码立牌，客户扫码就可以进群，非常方便。

（a）　　　　　　　　　　　　　　　（b）

图 3-35　餐饮门店通过群活码立牌承接海量客户

方法二：员工活码分流承接海量客户

除了使用群活码引导客户进群，企业也可以使用分流客户的方法承接海量客户。鉴于企业微信账号初期权重不高，可能存在某个员工账号添加不了多少客户的问题，因此企业需要一个长期有效且可以动态更换员工账号的二维码承接海量客户。这个二维码应满足以下两个需求。

一是自带多人码功能，一个活码可以关联多个员工账号，客户扫码随机添加其中一位员工，实现客户分流，避免账号受限。

二是动态更换新的员工账号接待客户，即使某一个账号的权重较低，在使用过程中受到了限制，企业也可以及时更换新的员工账号接待客户，且对外的员工活码无须更改，保持不变。

如图 3-36 所示的员工活码可以满足以上两个需求，它在企业微信账号初期权重不高的情况下是一个不错的选择，不过我建议企业多准备几个权重较高的员工账号，以应对更大量级的客户流量。

以企业日均引流 1000 个客户为例，企业只需要生成一个员工活码，并关联 2～3 个正常的员工账号即可分流，还可以结合员工活码插入群聊功能，自动邀请客户进群，如图 3-37 所示。具体方法在第 4 章、第 5 章中详细介绍。

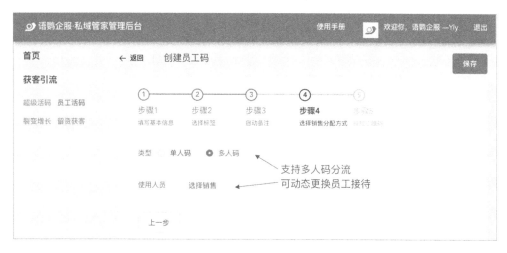

图 3-36　员工活码分流承接海量客户

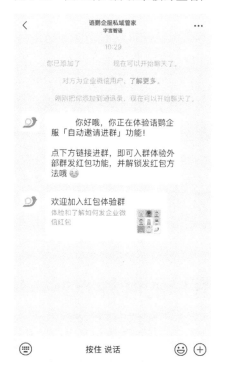

图 3-37　自动邀请客户进群

当然，分流员工账号的权重越高、个数越多，被限制的可能性就越小。

以上就是企业微信注册、认证、"养号"与异常处理的技巧。在做好这些铺垫后，让我们在下文中一步一步开启企业微信私域流量运营之旅吧！

营销玩法：获客引流

通过上文的学习，也许大家已经准备好企业微信账号，想要开始引流了。可能很多人想知道的是，有没有将微信客户一键迁移到企业微信中的方法？其实是有这种方法的。在我撰写本书的时候，企业微信教育版（请注意只有教育版支持）已经推出了将微信好友一键迁移到企业微信中的功能，其他行业版本的企业微信暂不支持一键迁移微信好友，但也有快速邀请微信好友添加企业微信的方法，我会在4.2.1节中详细说明。

要想快速且合规地获客引流、沉淀企业微信私域流量，我们还要学习更多的获客引流方法。第4章将重点介绍企业微信如何获客引流，帮助企业在企业微信私域引流的过程中少走弯路。

4.1 添加客户的两种方式：主动引流和被动引流

企业微信添加客户的方式有很多种，按照是否需要点击"添加为联系人"按钮进行分类，企业获客的方式分为主动引流和被动引流。

主动引流指的是员工通过各种方式主动添加客户为好友，员工需要点击"添加为联系人"按钮；被动引流指的是员工通过各种福利吸引客户主动添加员工为好友，员工只需要点击"通过验证"按钮即可。图 4-1（a）所示为主动引流，图 4-1（b）所示为被动引流。

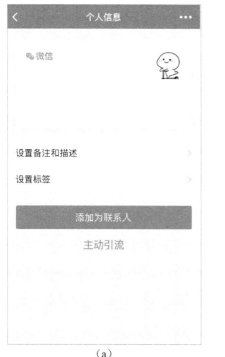

（a）　　　　　　　　　　　　　　（b）

图 4-1　主动引流和被动引流

例如，你通过搜索手机号添加对方为联系人、你在企业微信群中将群成员添加为联系人、你主动扫描对方的二维码名片添加对方为联系人、你通过企业微信的微信好友列表添加对方为联系人等都属于主动引流，添加动作的发起方为员工。

客户通过你分享的名片添加你为好友、客户通过扫描你在线上或线下的二维码立牌添加你为好友、客户通过其他人共享的名片添加你为好友等都属于被动引流。被动引流无须员工添加客户，而是客户主动添加员工为好友，添加动作的发起方为客户。

主动引流和被动引流这两种获客方式在使用场景、使用方法、添加限制和风险程度方面有所差别，我将在下文中进一步说明。

4.2　主动引流：获取存量客户

企业在多年的经营中已经积累了大量的客户，对于这些客户，企业可能只知道客户的邮箱、手机号、微信号，或客户与员工在同一个社群内，或客户已经是员工的微信好友等。这时，企业要想把这些客户添加到企业微信中，只能通过现有的渠道来连接，即通过主动引流的方式将存量客户添加到企业微信中。那么企业如何主动将存量客户添加到企业微信中呢？主要有以下 5 条路径。

4.2.1　主动引流的 5 条路径

1. 通过搜索手机号主动引流

很多企业或培训机构在线下活动中会获取大量的客户手机号，电商平台中也存在大量的客户联系方式，企业可以通过搜索客户的手机号将其添加到企业微信中。

员工在打开企业微信 App 后，点击"消息"页面右上角的"⊕"按钮即可通过搜索手机号添加客户的微信，也可以登录企业微信电脑端，如图 4-2 所示依次点击"通讯录"—"新的客户"—"添加"按钮，通过搜索手机号主动引流。

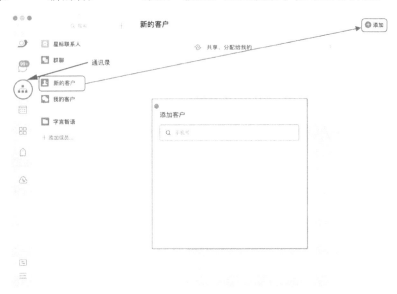

图 4-2　通过搜索手机号主动引流

在员工通过搜索手机号发送添加客户的邀请后，客户会在如图 4-3（a）所示的微信"服务通知"中收到邀请通知，在点击如图 4-3（b）所示的"邀请通知"后，客户需要如图 4-3（c）所示长按识别企业微信二维码才可以成功添加员工。

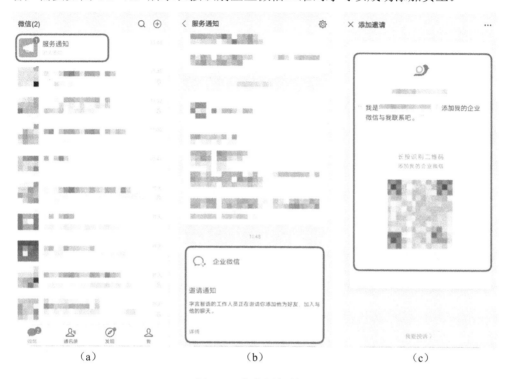

图 4-3　客户添加员工

2. 通过微信好友列表主动引流

企业微信推出了 3.0 版本，打通了微信。令很多人头疼的问题是如何将微信好友一键迁移到企业微信中？这里的"一键迁移"指的是员工只需要点击一个按钮就可以将个人微信中的全部客户添加到企业微信中，是不是很方便呢？

其实，在企业微信开放个人注册团队账号时，也曾支持将微信好友一键迁移到企业微信中，当时支持的是微信群的迁移，如图 4-4 所示。但不知是什么原因，这个功能后来下线了，目前只有企业微信教育版支持一键迁移微信好友。

大部分非教育行业的企业如何快速将微信好友添加到企业微信中呢？这种方法也是有的。在企业微信中，企业可以获取微信中的好友列表并快捷发送添加邀请。如果你已在微信中积累了大量的微信客户，就可以通过这种方法快速、主动地添加微信客户。具体操作步骤如下。

图 4-4　团队账号一键迁移微信群

步骤一：开启"获取我的微信好友关系"权限

要想快速将微信好友添加到企业微信中，前提是你的企业微信开启了"获取我的微信好友关系"权限。如果你的企业微信没有开启该权限，那么你需要在企业微信 App 中点击如图 4-5（a）所示的"我"—"设置"，进入如图 4-5（b）所示的页面后点击"隐私"，开启如图 4-5（c）所示的"获取我的微信好友关系"权限。

步骤二：从微信好友中添加客户

这时，你需要在企业微信 App 中点击如图 4-6（a）所示右上角的"⊕"按钮，选择"加微信"，进入如图 4-6（b）所示的页面点击"从微信好友中添加"，即可看到如图 4-6（c）所示的所有微信好友列表，只需要再点击"添加"—"添加为联系人"按钮，便能向微信好友发送添加申请，这样就可以在企业微信中添加微信好友了。

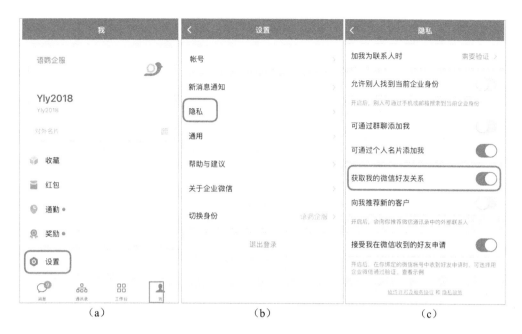

图 4-5　开启"获取我的微信好友关系"权限

图 4-6　从微信好友中添加客户

　　你也可以登录企业微信电脑端，如图 4-7 所示点击电脑端左下角的"更多"—
"添加成员"，并选择"从微信好友中添加"，还可以批量发送添加好友申请。

图 4-7　企业微信电脑端添加微信好友

此时，客户会在如图 4-8（a）和图 4-8（b）所示与你的微信聊天页面中，收到如图 4-8（c）所示的企业微信名片，客户点击如图 4-8（d）所示的"添加到通讯录"按钮即可将你添加为好友。

（a）　　　　　　　　　　　　　　（b）

图 4-8　客户在微信聊天页面收到企业微信名片并添加好友

（c）　　　　　　　　　　　　（d）

图 4-8　客户在微信聊天页面收到企业微信名片并添加好友（续）

与搜索手机号添加客户相比，这条添加路径更便捷，客户回加你的操作也更简单，但仍旧不如图 4-9 所示的通过通讯录入口接收好友验证消息方便。与企业微信教育版的一键迁移微信好友功能相比，从微信好友中添加客户也存在客户流失的问题，因为只有客户同意好友申请你才能添加成功。只能说以上两条将微信好友添加到企业微信中的路径都不太理想，不过目前企业想批量添加微信好友也只能这样操作。

图 4-9　客户通过通讯录入口接收好友验证消息

可能有人会问："我之前运营了不止一个微信，如何将所有微信的客户同步到同一个企业微信中呢？"我会分享一个小技巧，教你将所有微信好友同步到同一个企业微信中。

 小技巧

如何将所有微信好友同步到同一个企业微信中？

方法其实很简单：假设你有 3 个拥有 5000 个好友的微信号，分别为微信号 A、微信号 B、微信号 C，你只需要通过第 1 条路径向微信号 A 中的所有好友发送添加申请，然后更换企业微信绑定的微信号，并开启"获取我的微信好友关系"权限，即可将微信号 B、微信号 C 中的所有好友同步到同一个企业微信中了。

那么如何更换企业微信绑定的微信号呢？你需要打开企业微信 App，依次点击"我"—"设置"，进入如图 4-10（a）所示的页面点击"账号"，再点击如图 4-10（b）所示的"微信"，按照如图 4-10（c）所示的提示点击"更换微信"按钮即可。

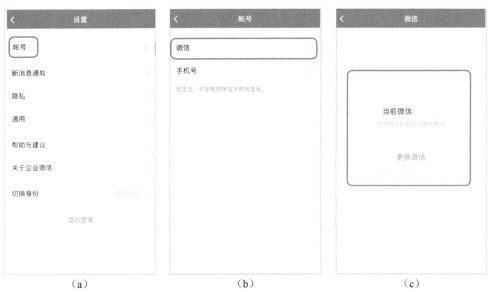

图 4-10 更换企业微信绑定的微信号

需要注意的是，更换企业微信绑定的微信号仅支持更换为同一实名下的微信号，且新微信号要满足如图 4-11 所示的 3 个条件，你才可以进行这个操作。如果你的微信号满足这些条件，不妨试一试吧。

新微信号要满足以下3个条件：

1.换绑的新微信需要实名，且与企业微信的实名一致；

2.新旧微信都需要是正常状态的微信（新旧微信都没有封号等情况）；

3.新微信没有绑定企业微信。

图 4-11　新微信号要满足的 3 个条件

3. 通过外部群添加群成员主动引流

随着越来越多的企业开始使用企业微信，可能有很多企业加入了其他企业的企业微信外部群，通过外部群添加群成员为好友也是一条高效获客的路径。你只需要在企业微信外部群中点击群成员的头像，发送"添加为联系人"的申请，等待对方通过即可。群成员会在微信通讯录入口列表中收到该申请，点击查看并"前往验证"即可通过该申请。此操作也可以在企业微信电脑端完成，操作起来更加便捷高效，如图 4-12 所示。

图 4-12　在企业微信电脑端通过外部群添加群成员主动引流

4.通过扫描对方的二维码主动引流

这条路径指的是员工通过扫描客户的微信二维码主动引流。早在企业微信推出之前，我们在网络中便可以获取很多公开的微信群和个人微信二维码的导航网站，二维码还可以按照行业、地区、性别等角度进行分类，有获客需求的企业可以通过此类网站添加好友。这条路径的具体操作如图 4-13 所示，你需要打开企业微信 App，点击"消息"页面右上角的"⊕"按钮，选择"扫一扫"并发送添加好友申请，等待对方通过申请即可添加对方为好友。此时，对方会在微信通讯录入口列表中收到好友申请提醒，点击查看并"前往验证"即可通过好友申请。

需要注意的是，虽然企业微信已支持扫描微信二维码添加客户，但是很多导航网站在生成微信二维码时的微信版本较低，不支持企业微信扫码添加客户，因此在扫码时企业微信 App 可能会提示你"需使用微信扫描该二维码"，如图 4-14 所示。此时，你需要将微信更新到最新版本并获取最新的二维码。

图 4-13　通过扫描对方的二维码添加好友　　图 4-14　扫码时微信版本较低可能会提示

"需使用微信扫描该二维码"

5.通过共享客户主动引流

企业微信提供共享客户功能，原同事将客户共享给新同事，新同事也可以主动添加客户为好友。共享客户的方法主要有以下两种。

方法一：通过"共享给同事"功能实现

原同事要在企业微信通讯录中找到需要共享的客户，点击客户头像进入如图 4-15（a）所示的"客户详情"页面，点击右上角的三点标志后选择如图 4-15（b）

所示的"共享给同事"，就可以将客户共享给同事了。

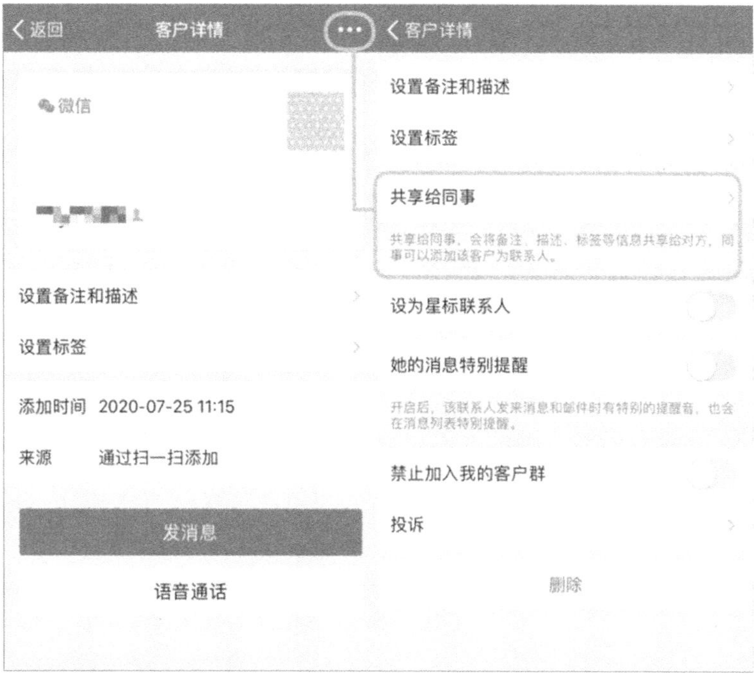

图 4-15　将客户共享给同事

这时，新同事会在企业微信通讯录中的"新的客户"页面收到共享客户提醒，点击即可添加客户，如图 4-16 所示。在共享时，原同事对客户添加的备注、描述、标签等信息也会一起共享给新同事，但需要新同事主动添加该客户为联系人且在该客户通过新同事的好友申请后双方才可以沟通。此方法只支持共享单个客户，不支持批量共享客户。

图 4-16　新同事收到共享客户提醒并添加客户

方法二：在聊天页面共享客户的"个人名片"

与方法一相比，还有一个更为便捷的共享客户的方法。假设我想把客户共享给同事小路，如图 4-17（a）所示，我只需要打开与小路的聊天页面，点击右下角的"⊕"按钮，使用"个人名片"功能，即可选择将该客户的名片共享给小路，如图 4-17（b）所示。小路在聊天页面中点击该名片即可主动添加该客户。如果我需要将多个客户共享给小路，那么重复此操作即可。

（a）

（b）

图 4-17　在聊天页面共享客户的"个人名片"

与方法一相比，此方法路径更短、操作更快，新同事添加客户也更方便。不过，此方法不支持将原同事对客户添加的备注、描述、标签等信息一起共享给新同事。如果客户设置了不能通过名片添加自己，那么原同事只能用方法一共享客户。

以上是企业微信主动引流的 5 条路径。从中可以看出，企业微信没有提供通过微信号主动引流的路径，而以上 5 条路径每天可以添加的客户数较少，也容易导致企业微信账号异常，并且客户通过率较低。试想你是客户，企业员工莫名其妙地添加你的微信，你会同意吗？因此，我会在 4.2.2 节中详细讲解主动引流的限制与风险，帮助大家规避在主动引流时可能遇到的麻烦，并提供一些解决方案。

4.2.2 主动引流的限制与风险

很多刚使用企业微信的新人可能一开始就想通过手机号批量添加粉丝、自动添加好友等，虽然这些主动引流的方式可以让企业掌握主动权，但是通过这些方式添加好友也存在以下两种限制。

限制一：好友通过率低

据测试，在 1000 个主动添加好友的申请中，只有不到 3% 的客户会通过。从主动添加好友的方式和流程来看，造成好友通过率低的原因主要有以下 4 个。

① 入口太深容易被忽略。

② 路径太长转化率低。

③ 没有给出客户必须添加你为好友的理由。

④ 账号没有认证，可信度低。

如果企业微信因为好友通过率低导致添加好友困难，那么有没有什么办法可以提高好友通过率呢？接下来，我们一起来分析一下。

1. 入口太深容易被忽略

4.2.1 节提到，员工通过搜索手机号添加客户，好友申请会通过"邀请通知"发送给客户，客户只有点开"邀请通知"并长按识别二维码才能添加员工，这一入口实在是太深了，且与平时在通讯录入口列表中收到添加好友提醒的体验不同，很容易被客户忽略。如果客户关闭了这一入口的消息提醒，那么通过率就更低了。

在这种情况下该怎么办呢？首先，我建议员工在通过搜索手机号添加客户前提前与客户联系，告知客户你正在使用企业微信添加其为好友，让客户留意一下并通过。其次，如果想通过搜索手机号主动引流，那么我建议企业把所有手机号分配给不同的员工添加，降低员工账号因大量添加客户而被限制的风险。

2. 路径太长转化率低

仍以搜索手机号添加客户为例，如图 4-18 所示，在员工向客户发送添加申请后，客户成功添加员工的路径较长，转化率自然就低。如果企业既想突破搜索手机号添加好友通过率低的限制，又想增加发送邀请的数量，有没有什么解决方案呢？

其实，大部分的营销短信就是一个很常用的解决方案，通过向客户发送营销短信，引导客户主动添加我们为好友。不过这种方案仍然需要客户复制微信号、打开微信"搜一搜"才能添加，转化率还是低。有没有更好的办法呢？在 4.3.1 节中，我会分享一个"引流跳转助手"工具，有了它，客户点击营销短信中的链接就可以直接打开微信并添加员工为好友，添加路径更加顺畅。除此之外，它还可以广泛用于抖音、知乎、淘宝、QQ 等非微信平台的引流，具体内容我会在下文中说明。

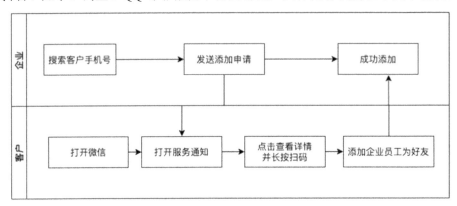

图 4-18　客户成功添加员工的路径

3. 没有给出客户必须添加你为好友的理由

在添加陌生客户时，如果没有不得不添加的理由，那么客户一般不会随便通过好友申请。而当我们通过以上 5 条主动引流的路径添加好友时，如果使用如图 4-19所示企业微信默认的添加好友话术，那么通过率是很低的。在 4.2.3 节中，我会分享一些高效添加好友的话术思路。

图 4-19　企业微信默认的添加好友话术

4. 账号没有认证，可信度低

与微信相比，企业微信的较大优势是账号自带企业简称，可以有效地提高客户对企业的信任度。但没有认证的账号会显示带红色问号"⑦"的"未认证"标识。图 4-20（a）所示为已认证账号，图 4-20（b）所示为未认证账号，你更愿意通过哪一个账号的好友申请呢？

图 4-20　已认证账号和未认证账号

看到这里你应该就明白了，如果企业未认证企业微信账号，那么员工主动添加客户的通过率低就不足为奇了。因此我建议企业还是验证或认证一下账号，提高账号对外形象的专业度。企业微信验证或认证的方法在 3.2 节中有详细的说明，还未验证或认证的企业可以参考。

限制二：主动引流容易导致"操作异常"

与好友通过率低的限制相比，主动引流每天可以添加的好友数量非常有限，一些权重低的账号甚至每天添加 10 个左右的好友就会提示"操作异常，暂无法使用"，如图 4-21 所示。这样不仅不能完成添加好友的任务，还白白浪费时间，更严重的后果是让企业微信账号的功能受到限制甚至被封号，得不偿失。这就是我不建议企业"爆粉"、高频率主动引流的原因。

如果确实有主动引流的需求，那么我建议企业做到以下几点。

① 控制每天添加好友的频率。

② 使用人工操作代替违规"爆粉"工具。

③ 在主动添加好友前通过其他途径提醒对方，如先与对方进行电话沟通。

④ 给出客户必须添加你为好友的理由。

在 4.2.3 节中，我会提供 4 个高效添加客户的话术思路，希望能帮你更好地主动引流。

图 4-21　添加好友提示"操作异常，暂无法使用"

4.2.3　4 个高效添加客户的话术思路

4.2.2 节提到了影响好友通过率的因素之一——添加客户的话术思路。在 4.2.3 节中，我会分享一些高效添加客户的话术思路。

上文提到，在添加陌生客户时，如果没有不得不添加的理由，那么客户一般不会随便通过好友申请。如何能让客户通过率大大提高呢？你可以从以下两个方面思考：一是客户为什么要添加你为好友？二是你能提供什么价值？这些价值是客户需要的吗？

只有不断从以上两个方面思考，企业才能想出更合适的添加客户的话术。对于第二个方面，奏效的前提是不能蓄意造假，使用一些夸大、"自嗨"的话术。过去很常见的添加好友的话术，如冒充对方的亲戚，或假装朋友推荐、搜索微信号等，都是不可取的；又如"我是××，加我好友让你月入 3 万元"这种"自嗨"话术也是非常让人反感的，反而会让人提高警惕——"我根本不认识你，你为什么要让我月入 3 万元？""你怎么让我月入 3 万元？该不会是骗子吧？""可笑，我已经月入 5 万元了，你还让我月入 3 万元？！"

可见，写一条通过率高的添加客户的话术不是一件容易的事。根据以往的经验，我总结了以下 4 个高效添加客户的话术思路，你可以根据自身情况尝试、调整。

1．找到共同的中间人

如果你希望认识一个人，那么通常可以找一个中间人来介绍，如以下话术。

① 我是××，由语鹦企服 Jinkey 推荐。

② 我是马哥，××社核心成员。

2．精准介绍自己

如果你没有中间人，那么可以用自己的企业或品牌精准地介绍自己并说明来意。单纯地介绍自己，如果对方与你没有什么关系，甚至对你的自我介绍根本不感兴趣，效果就会大打折扣。你还可以说明来意，如果你的来意能让对方感兴趣，那么效果会更好，如以下话术。

① 语鹦企服 CEO Jinkey，收到你的内测申请。

② ××的产品经理 Joe，项目合作。

3．表达敬仰之情

如果你既没有中间人，又没有响亮的头衔，那么表达敬仰之情也是一个不错的思路，毕竟没有人不希望得到他人的认可，如以下话术。

① 我是你的忠实粉丝/读者/观众，关注你很久了。

② 你好，我是××，在看你的《企业微信私域运营从入门到精通》，受益良多！

4．展示价值和好处

最后一个高效添加客户的话术思路是展示价值和好处。有这样一句话：无好处，不说服。想要说服他人通过你的好友申请，一个有效的办法就是向对方展示通过你的好友申请能获得什么好处，这里的"好处"应该是对方关心的内容，这样才能提高通过率，如以下话术。

① 我在知乎上看到你，希望预约你的咨询。

② 我很喜欢你的公众号文章，想申请转载。

③ 我在全平台拥有 30 万个粉丝，想与你资源互推。

④ 我搭建了××群分享干货，想邀请你加入。

以上就是 4 个高效添加客户的话术思路。如果有人在添加你为好友时运用了以上思路，你应该不会拒绝对方吧？当然，更重要的还是要对客户以诚相待。

4.3 被动引流：获取陌生客户

4.2.1 节介绍了主动引流的 5 条路径，不过为了企业微信账号的安全，我建议企业微信主动引流的频率不要超过 10 人/天，避免因频繁操作导致账号异常。

与主动引流相比，被动引流的方式更为多样和有效，也没有主动引流那么多的限制，无须员工主动添加客户，而是通过设置福利，吸引客户主动添加员工为好友。此方式不但风险较低，而且吸引的客户更加精准，每天可以通过的好友数量也比主动引流多，因此是企业承接海量客户的正确方式。在 4.3.1 节中，我将分享 5 条常用的被动引流的路径，帮你实现快速、精准"涨粉"。

4.3.1 被动引流的 5 条路径

1. 通过分享名片被动引流

在微信中，我们常常可以看到有人在社群中分享名片引导大家添加其为好友。企业微信同样提供分享名片功能，我们可以将企业微信名片分享到微信或微信群中，邀请微信客户添加我们为好友。

这条路径需要我们打开企业微信 App，点击如图 4-22（a）所示右上角的"⊕"按钮选择"加微信"，进入如图 4-22（b）所示的页面选择"将企业微信名片分享到微信"，如图 4-22（c）所示将名片发送给客户，等待客户主动添加。这条路径每次可以选择将企业微信名片分享给 9 个微信好友或微信群，如果微信好友或微信群的数量超过 9 个，那么我们可以分批选择。

2. 通过分享企业微信二维码被动引流

在企业微信中，员工可以生成自己的二维码立牌并分享到网络中，客户扫码即可添加员工为好友。二维码立牌通过点击企业微信 App 中如图 4-23（a）所示的"我"—"对外名片"入口获取，员工点击如图 4-23（b）所示右上角的"编辑"按钮，还可以自定义如图 4-23（c）所示的样式和对外信息，若选择立牌样式，则名片中支持显示企业简称、员工名称和员工职务。

（a） （b） （c）

图 4-22 通过分享名片被动引流

（a） （b） （c）

图 4-23 获取二维码立牌

有客户联系功能权限的员工，还可以在企业微信 App 中点击如图 4-24（a）所示的"工作台"—"客户联系"，选择如图 4-24（b）所示"工具"板块中的"联系我"，快速生成如图 4-24（c）所示的二维码、工卡或"联系我"小程序按钮。

|（a）|（b）|（c）|

图 4-24　通过"联系我"生成二维码

如图 4-24（c）所示的"多人联系我"二维码主要用于被动承接海量客户的场景，客户扫码后随机添加一名员工，不仅可以分担员工的接待压力，还能通过随机分配客户降低同一账号因频繁添加客户造成的功能受限甚至封号的风险。

不过，企业微信 App 生成的二维码不能统计渠道数据，生成后也不能修改；企业微信管理后台生成的二维码，一是需要超级管理员的权限，二是虽支持二次修改但同样无法统计渠道数据。接下来我要介绍的活码工具，则可以解决这些问题，且功能更加强大。

3. 通过超级活码/员工活码被动引流

虽然企业微信自带的二维码可以用于被动引流，但是它有一定的局限，若企业需要进一步区分渠道来源、统计活码数据、动态调整活码内容等，则需要借助企业微信第三方服务商的活码工具。

表 4-1 所示为某私域管家的两款活码工具与企业微信原生活码的对比，活码工具在原生活码的基础上进一步开发，可以在客户添加我们为好友时自动对客户打标签标记渠道来源、自动对客户修改备注、自动向客户发送见面红包、自动邀请客户进群等。其中，与员工活码相比，超级活码还多了"按时间段/接待能力分配值班客服人员"两项功能，二者在客户扫码体验方面也有所不同。

表 4-1　某私域管家的两款活码工具与企业微信原生活码的对比

对比项	超级活码	员工活码	企业微信原生活码（"多人联系我"二维码）
活码期限	永不过期	永不过期	永不过期
个性化欢迎语（可单独为员工配置）	支持	支持	不支持（仅支持全员统一配置）
自动对客户打标签	支持	支持	不支持（只能手动）
自动对客户修改备注	支持	支持	不支持
自动发送进群邀请链接	支持	支持	不支持
按人数自动切换标签	支持	支持	不支持
选择多个员工承接客户（分流）	支持	支持	支持
随机分配销售人员接待	支持	支持	支持
按时间段分配值班客服人员	支持	不支持	不支持
按接待能力分配值班客服人员	支持	不支持	不支持
活码数据详细、可视化分析	支持	支持	不支持
动态更换员工账号承接客户	支持	支持	不支持
双向自动通过好友	支持	支持	支持
客户扫码体验	需要两步，客户先扫活码，再长按识别二维码添加员工	只需一步，客户扫码直接唤起联系人页面，转化率更高	只需一步，客户扫码直接唤起联系人页面，转化率更高
使用场景	①常用于线下高成本的投放场景；②有分时间段值班需求的企业；③有分流需求的、大型的线上或线下活动	可用于企业所有可控的私域流量渠道，如官网联系客服人员入口、App 客服人员入口、公众号菜单、推文页面底部、小程序服务入口等	—

从"客户扫码体验"中可以看出，客户扫描超级活码添加员工需要两步，即先扫描超级活码，进入二级页面后再长按识别二维码才能添加员工为好友；如果客

户扫描员工活码，那么扫码直接唤起联系人页面，点击"添加"按钮即可添加员工为好友，路径更短，转化率更高。企业可以根据自身需求进行选择。

需要注意的是，如果企业使用了超级活码或员工活码工具被动引流，就不需要使用企业微信原生的"多人联系我"二维码和企业微信二维码名片了。

4. 通过企业微信绑定的微信号或"引流跳转助手"被动引流

很多人会问：我想让客户添加我的企业微信，怎么把我的企业微信号发给客户呢？事实上，企业微信没有类似微信账号的微信号，也就是说客户无法通过"企业微信号"添加员工，因为它并不存在。

但在推广过程中，很多渠道（如抖音、知乎、今日头条等）确实不允许企业发送二维码名片等明显的引流信息，这样既没有"企业微信号"，又不能发送二维码名片，如何被动引流成了大问题。

有没有解决这一问题的方法呢？我向大家介绍两个方法：一是通过留下企业微信绑定的微信号进行引流，二是通过引导关键词自动回复并结合微信小程序的"引流跳转助手"新工具进行引流。

我先介绍第一个方法：通过留下企业微信绑定的微信号进行引流。

第一步：我们在企业微信 App 中的"我"—"设置"—"隐私"入口开启"接受我在微信收到的好友申请"权限。

第二步：我们依次点击企业微信 App 中如图 4-25（a）、图 4-25（b）和图 4-25（c）所示的"我"—"设置"—"账号"—"微信"，查看如图 4-25（d）所示的企业微信当前绑定的微信号，在推广渠道中留下该微信号进行引流。

第三步：如图 4-26（a）所示，当客户搜索我们的企业微信绑定的微信号并申请添加我们为微信好友时，我们就可以在如图 4-26（b）所示的页面中点击"去企业微信添加对方"按钮。这样，客户搜索微信号就能添加我们的企业微信，解决了客户无法通过搜索"企业微信号"添加员工的问题。

这个方法还有一个小技巧。当客户通过搜索微信号添加我们为好友时，我们可以先点击"去企业微信添加对方"按钮，再返回微信点击"前往验证"按钮，这样就可以同时让客户添加我们的微信和企业微信，将客户沉淀到微信和企业微信两个流量池中，实现二级留存。经常有人问我，怎样让客户同时添加自己的微信和企业微信呢？其实就是像上文这样操作的。

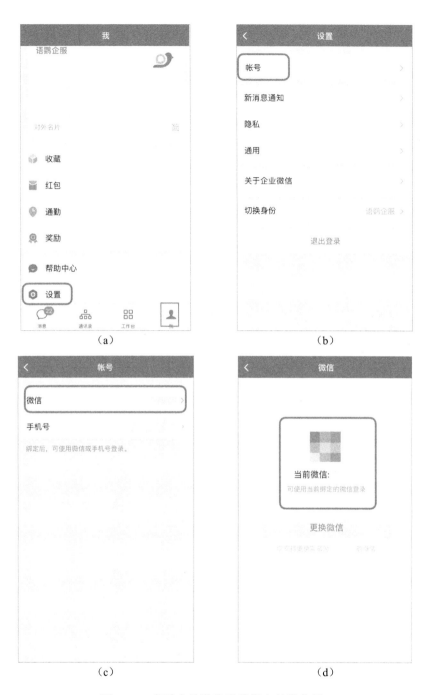

图 4-25 查看企业微信当前绑定的微信号

（a）　　　　　　　　　（b）　　　　　　　　　（c）

图 4-26　点击"去企业微信添加对方"按钮添加客户

下面我再介绍通过引导关键词自动回复并结合微信小程序的"引流跳转助手"新工具进行引流的方法。

你可能有过在浏览某个网页几十秒后，网页自动弹出一个咨询窗口向你发起对话的经历，如果你点击"同意发起对话"，那么系统会自动跳转到其他通信软件并进入与工作人员的聊天窗口。这种自动跳转到通信软件的功能可以大大提高客户转化率。

在私域流量运营的过程中，我们也可以通过自动跳转打开微信实现快速引流。例如，在抖音、知乎、今日头条等非微信生态平台中，我们可以通过引导关键词自动回复实现跳转链接引流。当客户发送某个关键词后，系统会自动回复一个带有跳转链接的内容，客户点击链接即可自动打开微信并进入落地页。以下是两种跳转到落地页的模式。

1）从非微信生态平台中跳转到小程序，关注公众号

以今日头条引流为例。如图 4-27（c）所示，当客户在今日头条中点击引流跳

转链接时，系统会如图 4-27（d）所示自动唤起微信，并跳转到如图 4-27（e）所示带有公众号二维码的小程序落地页，客户按照提示关注公众号并回复关键词，即可被进一步引流到社群或个人微信号中。

图 4-27　今日头条引流示例

可能有人会产生这样的疑问：为什么不让客户直接跳转到一个带有公众号二维

码或个人微信号二维码的落地页，而要在客户关注公众号并回复关键词后才能进一步引流呢？这是因为跳转链接借助的是微信小程序的新工具，但目前小程序页面中的二维码不支持客户直接长按识别。如果企业想让客户长按识别二维码，那么可以使用第二种跳转模式。

2）从非微信生态平台中跳转到小程序，关注企业微信、视频号、个人微信号等

以作业帮引流为例。当客户在抖音中刷到作业帮如图 4-28（a）所示的广告并点击引流跳转链接时，系统会自动唤起微信小程序并引导客户点击如图 4-28（b）所示的小卡片。当客户点击小卡片后，系统会自动发送如图 4-28（c）所示的文本和链接，如邀请客户关注二维码、邀请客户进群链接等，客户只需要长按识别二维码或点击链接即可，操作起来非常方便。

（a）　　　　　　　　　（b）　　　　　　　　　（c）

图 4-28　作业帮引流示例

这样，企业通过"引流跳转助手"即可实现从非微信生态平台中被动引流，引导客户快速关注公众号、视频号、企业微信、个人微信号或进群等。与原来客户需要先复制微信号或保存二维码，再打开微信"搜索"或"扫一扫"的流程相比，这两种模式的路径缩短了很多，客户转化率也有所提升。

5. 通过企业微信群活码被动引流

以上 4 条被动引流的路径都是将客户沉淀到企业微信个人号中。如果企业早期的企业微信个人号数量较少或每天可以添加的客户数量较少，就可以使用企业微信群活码进行引流。

如何创建企业微信群活码呢？管理员打开企业微信管理后台，在如图 4-29（a）所示的"客户联系"模块点击"加客户"—"加入群聊"中的"设置"，进入如图 4-29（b）所示的页面点击"新建加入群聊"按钮，选择如图 4-29（c）所示的"通过二维码加入群聊"即可设置群活码相关信息，如图 4-29（d）所示，在依次补充"可加入的群聊""入群设置""备注"等信息后，点击"创建"按钮就能创建企业微信群活码。

（a）

（b）

图 4-29　创建企业微信群活码

（c）

（d）

图4-29　创建企业微信群活码（续）

在创建了企业微信群活码后，管理员把系统生成的二维码下载下来，设计到活动海报中，发送给客户或对外投放即可。如图 4-30 所示，很多企业曾用我提供的这条路径轻松创建了几十个企业微信群聊。

图 4-30 通过群活码轻松创建企业微信群聊

以上就是 5 条常用的被动引流的路径，企业可以通过它们将客户留存在企业微信个人号或企业微信社群中。如果企业想将客户同时留存在企业微信个人号和企业微信社群中，那么需要运用 4.3.2 节中的方法，实现客户多级留存。

4.3.2 联动获客，让客户沉淀在你的企业微信和社群中

上文介绍了主动引流和被动引流的 10 条路径，其实很多时候主动引流和被动引流是同步进行的。将客户添加到企业微信中只是搭建私域流量池的第一步，我们不能只将客户添加到企业微信个人号或聚集到社群中就止步了。

企业微信个人号和社群为我们提供了两个很好的连接客户的窗口。企业在运营的过程中，可能会将客户拉到社群中统一运营；对于社群内的客户，企业可能会用员工的企业微信个人号将所有客户添加为好友。在这一过程中涉及两个常用的操作：先添加好友再拉群和先群裂变再添加好友。熟练掌握这两个操作，能帮你实现联动获客，让客户沉淀在你的企业微信和社群中。

1. 先添加好友再拉群

很多企业倾向于让客户直接扫码进群，这种方式简单、直接、进群率高，不过一旦客户退群就无法再找回客户，容易造成客户流失。因此，我建议先把客户沉淀在企业微信个人号中实现一级留存，再邀请其进群实现二级留存，这样客户不仅沉淀在了你的企业微信个人号中，也沉淀在了企业的社群中，不至于客户一旦退群，你就与其失去联系。

好消息是，这一流程可以使用企业微信的添加好友"自动邀请进群"功能，实现自动化运营，如图 4-31 所示。客户在扫描员工活码并添加员工为好友后，系统会自动向其发送进群邀请欢迎语，客户点击链接即可进群。

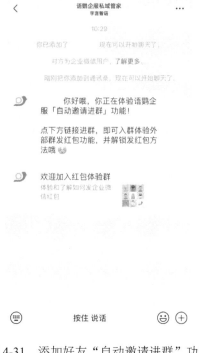

图 4-31　添加好友"自动邀请进群"功能

你只需要如图 4-32（a）所示在企业微信第三方服务商后台上传群活码，即可自动生成如图 4-32（b）所示的邀请链接。此邀请链接长期有效，且无论企业引流多少客户，客户都可以点击该链接扫码进群，不会因满员而将客户挡在群外。

（a）　　　　　　　　　　　（b）

图 4-32　在企业微信第三方服务商后台上传群活码自动生成邀请链接

更灵活的是，对于来自不同渠道的客户，企业还可以将其自动邀请进不同的社群。例如，企业同时在两个不同的公众号渠道中投放文案，引流对瑜伽课或彩绘课感兴趣的人群。企业只需要在两篇引流文案中添加对应的渠道活码，如果客户看了瑜伽课文案想报名参加，那么客户在添加企业微信员工为好友后就会被自动邀请加入瑜伽群，如图 4-33（a）所示；如果客户在看了彩绘课文案后添加企业微信员工为好友，就会被自动邀请加入彩绘群，如图 4-33（b）所示。

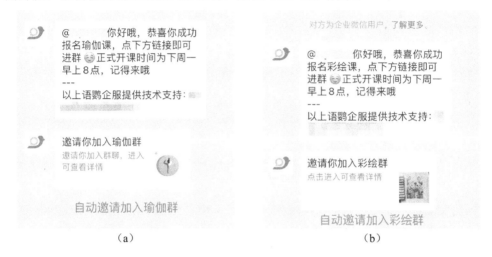

（a）　　　　　　　　　　　　　　（b）

图 4-33　来自不同渠道的客户被自动邀请进不同的社群

先添加好友再拉群的工作流程完全是自动化的，无须员工手动操作。在 2021年春节期间，由我操盘的红包封面玩法就运用了自动拉群流程，不仅客户进群率高达 80%以上，运营过程中出现的紧急情况也因自动拉群的流程优势有了补救措施。

2. 先群裂变再添加好友

裂变是企业快速增长获客的方式之一，企业要想快速增长获客，裂变是一个很有效的方式。接下来，我会分享两个群裂变的玩法，帮助企业微信快速增长获客。

玩法一：朋友圈转发裂变

朋友圈转发裂变的关键是让进群客户完成群二维码扩散任务，以此增加进群人数。客户在扫描如图 4-34（a）所示活动海报中的二维码进群后，会收到如图 4-34（b）所示的转发任务，如图 4-34（c）和图 4-34（d）所示，客户按要求完成转发任务，再将截图发回群内并@小助理即可领取奖励。

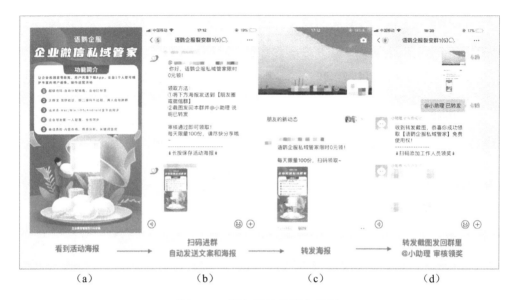

看到活动海报	扫码进群 自动发送文案和海报	转发海报	转发截图发回群里 @小助理 审核领奖
（a）	（b）	（c）	（d）

图 4-34 朋友圈转发裂变示例

朋友圈转发裂变的路径如图 4-35 所示。其中，企业微信群活码是企业微信自带的群裂变功能，而"小助理"自动审核可以通过企业微信群关键词回复功能实现。

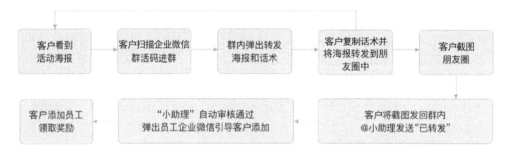

图 4-35 朋友圈转发裂变的路径

当客户将活动海报转发到朋友圈或社群中后，其他感兴趣的客户即可扫码进群，而完成转发任务的客户可以添加员工领取奖励，如图 4-36 所示。这样，在社群中的客户也会沉淀到企业微信个人号中，实现先群裂变再添加好友的二级留存。

朋友圈转发裂变在具体实操时需要哪些准备呢？主要有以下关键步骤。

步骤一：创建群活码，实现人满自动建群。

步骤二：下载群活码并设计到活动海报中，引导客户扫码进群。

步骤三：配置入群欢迎语，客户进群自动向其发送活动海报和文案，引导裂变。

步骤四：生成兑奖员工活码，客户在完成任务后添加员工兑奖。

步骤五：设置自动回复规则，实现自动引导客户兑奖。

步骤六：开启入群欢迎语和群自动回复，启动群功能，自动裂变。

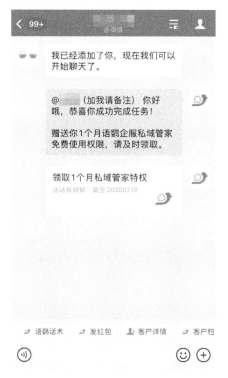

图 4-36 完成转发任务的客户添加员工领取奖励

玩法二：邀请好友进群裂变

如图 4-37（a）所示，企业可设置一定的邀请和奖励规则，发动群成员邀请其好友进群，当群成员完成一定的邀请任务后即可如图 4-37（b）所示找群主领取邀请奖励。被邀请进群的新好友也可以参加该活动，通过邀请其好友进群，完成任务领取奖励。这样，借助群成员的力量可以实现群人数的快速增长。而将领取奖励操作设置为如图 4-37（c）所示的添加群主领奖，也可以将社群流量沉淀到企业微信个人号中，实现二级留存。

以上的群裂变流程可以结合企业微信入群欢迎语、自动回复功能实现半自动化运营，但邀请进群的人数统计和兑奖仍需要结合人工统计和核对。要想实现社群裂变自动化，企业可以通过企业微信第三方服务商的社群裂变工具自定义创建社群裂变活动，客户扫码进群领取专属海报，通过传播专属海报邀请好友进群，完成邀请任务即可自动解锁领奖入口并自助领奖，大大提高用户体验并降低企业的人力成本。

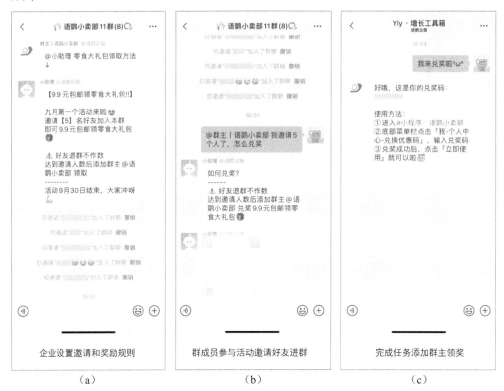

企业设置邀请和奖励规则	群成员参与活动邀请好友进群	完成任务添加群主领奖
（a）	（b）	（c）

图 4-37　邀请好友进群裂变示例

4.3.3　三级留存获客路径

客户有自己的舒适圈：有些客户不喜欢添加好友，但喜欢与群里志同道合的人聊天，交流产品使用心得；有些客户喜欢添加好友，攀谈家常，从朋友圈了解对方的生活。

我们有时会拘泥于固有的运营思维，把自己局限在拉群或添加好友的选项范围内。其实大可不必。这些方式可以连成一个工作流，我们也无须询问客户，客户会选择舒适的方式留在我们的客户池中。接下来，我会介绍一个三级留存获客路径，既能让你看到客户的朋友圈，又能提高客户在多个渠道（如微信、企业微信、社群）

中的留存率。具体操作步骤如下。

步骤一：创建并下载企业微信群活码

首先，你需要登录企业微信管理后台，点击"通过二维码加入群聊"，如图 4-38 所示。

图 4-38 点击"通过二维码加入群聊"

然后，你需要按照提示填写群信息并点击"创建"按钮，如图 4-39 所示。在创建好群活码后，你可以下载群活码备用（一个群活码最多可以关联 5 个群，一个群最多支持 200 人扫码进群，即一个群活码最多可以承接 1000 人扫码进群，通过一些小技巧还可以实现不限制人数进群）。

步骤二：配置自动邀请进群链接

接下来，你将自动邀请进群链接配置到企业微信欢迎语中即可自动发起进群邀请。需要注意的是，企业微信只能为全员配置统一的入群欢迎语，为个别部门或员工配置个性化欢迎语需要设置的权限比较复杂，你可以借助企业微信第三方个性化欢迎语功能，该功能支持不同部门或员工的差异化配置。如图 4-40 所示，如果客户添加的员工是小路，那么你在左侧列表中选中"小路"，并在右侧填写相关的欢迎语信息即可。欢迎语可以插入用户昵称和销售昵称，显得更加专业、贴心。

图 4-39　按提示填写群信息

图 4-40　配置个性化欢迎语

接下来，你在企业微信第三方服务商后台中，从如图 4-41（a）所示的"附加多媒体"处选择"群聊"类型，上传步骤一下载的群活码并填写相关引导语即可自动生成如图 4-41（b）所示的邀请链接。

步骤三：开启"接受我在微信收到的好友申请"按钮

企业微信虽然没有"微信号"，但是它有绑定的微信账号。你只需要开启企业微信中的一个按钮，客户就可以通过搜索微信号添加你的企业微信。

具体操作需要你打开企业微信 App，依次点击"我"—"设置"—"隐私"，开启"接受我在微信收到的好友申请"按钮，如图 4-42 所示。

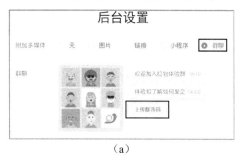

（a）　　　　　　　　　　　　　（b）

图 4-41　上传群活码并填写相关引导语自动生成邀请链接

图 4-42　开启"接受我在微信收到的好友申请"按钮

步骤四：把你的微信号传播出去

你可以通过论坛、广告、抖音、知乎、小红书私信等各种途径，把自己的微信号（如 Jinkeylove）传播出去。例如，当 Yly2018 搜索并添加 Jinkeylove 为好友时，Jinkeylove 会在如图 4-43（a）所示的微信通讯录中收到好友申请提示，进入如图 4-43（b）所示的提示页面点击"去企业微信添加对方"按钮，Jinkeylove 即可如图 4-43（c）所示将 Yly2018 添加为联系人。

如果客户通过搜索你的微信号发起好友申请，你就可以点击"去企业微信添加对方"按钮，实现客户搜索微信号添加你的企业微信（一级留存）。基于步骤二配置的群聊欢迎语，企业微信会自动邀请客户进群（二级留存）。同时，你还可以回到个人微信中继续点击"前往验证"按钮，把对方添加为你的微信好友（三级留存）。

这样，你就可以综合利用视频号、文章"在看"、朋友圈、企业微信朋友圈、企业微信群发等功能，在不同时间段多次、重复地触达你的客户，有效提高客户的转化率和品牌回忆率。

个人微信、企业微信、群聊三级留存，每一级可以有效挽留 20%～30%的客户。视频号、文章"在看"、朋友圈、企业微信朋友圈、企业微信群发等功能，每一个功能可以提高 15%左右的触达率。

（a）　　　　　　　　　　（b）　　　　　　　　　　（c）

图 4-43　传播微信号

4.3.4　设置福利，将客户吸引到你的私域流量池中

与主动引流类似，在被动引流的过程中，客户一般也不会一看到你的二维码就主动添加你为好友。想实现被动引流，你需要设置福利，给客户一个添加你为好友的理由。那么如何设置福利，将客户吸引到你的私域流量池中呢？下面我会分享 4 类引流福利，不同类型的企业可以结合自身业务的实际情况灵活变通。

1．刚需类福利

刚需类福利的本质是让客户不得不这样做，如果不这样做，客户就会有损失或无法顺利完成目标。

2020 年新冠肺炎疫情暴发，口罩、消毒液成为刚需，供不应求。当时，屈臣氏设计了如图 4-44 所示的"添加企业微信第一时间获取防疫物资到货信息"的福利，成功引流上万个客户。

图 4-44　屈臣氏企业微信引流福利示例

如果你是物业管理人员，那么可以将交物业费的业务转移到企业微信中，在每个小区里投放物业负责人的二维码，小区居民需要添加物业负责人的企业微信为好友，点击物业负责人企业微信中的名片入口才可以交物业费。

2．折扣类福利

折扣类福利的本质是让利，通过提供商品折扣让客户获得享受优惠的感觉。

如果你是线下餐饮或服装销售人员，那么可以在不经意间给到店客户一个惊喜。例如，对于到店的客户，你可以告知其"添加我的企业微信，今天结账可以打8 折"，想必大部分客户会愿意添加你的企业微信。

这类福利既可以让客户享受优惠，又可以将线下流量沉淀到线上，借助群运营、群发消息、朋友圈展示新品等各种方式，多次触达客户，实现复购转化。

3．赠品类福利

赠品类福利的本质是赠送赠品进行被动引流，通过向客户赠送额外的小物件，让客户获得"赚到了"的感觉。

例如，一些平时向客户免费提供 3D 眼镜的电影院可以把这项福利包装成这样：客户需要支付 5 元购买 3D 眼镜，若客户添加电影院工作人员的企业微信则可以免费领取 3D 眼镜。

又如，餐饮行业可以将福利包装成这种形式：客户添加店主的企业微信可以免费领取小吃一份，一桌仅限领取一份。如果客户想领取多份，那么其他同伴需要将店主的企业微信转发到朋友圈中，这样还能让客户传播店主的企业微信，实现低成本获客。

对于企业来说，这些福利的成本不高，可能不到 1 元就可以获得一个线上客户，还可以让客户产生"赚到了"的感觉，在大大提高客户体验的同时为客户的复购打下基础。

4. 服务类福利

服务类福利的本质是提供增值服务，让客户获得超值的感觉。例如，你是鞋靴销售人员，客户到你的门店购鞋，你可以引导其添加你的企业微信，免费获得一次刷鞋服务，在客户想要享受这个服务的时候可以通过企业微信向你预约，客户到门店兑换服务时还可以看看最近的新款，也许还能促成复购。

又如，理发店可以引导客户添加理发师的企业微信，免费获得一次洗头服务，当客户再来洗头的时候，理发师可以为其做个造型，很快就能把成本赚回来。

以上是关于在被动引流的过程中设置福利的参考。我将不同行业常见的福利绘制成如表 4-2 所示的表格，不同行业可以根据自身业务的实际情况设置不同的福利，让客户主动添加我们。

表 4-2 不同行业常见的福利

行业	实物福利	虚拟福利
金融财税	油、米、纸巾、理财图书、保温水杯、理财工具包	红包、理财金、理财课、免开户费、免手续费、保险产品
零售电商	抱枕、小风扇、试用装、马克杯、帆布包、手提袋、全棉纸巾	积分、会员、优惠券、代金券
成人教育	鼠标垫、知识地图、主题日历、备考资料、精华课件	资料包、试听课、电子畅销书、电子行业报告
K12 教育	玩具、发夹、文具包、图画书、学习机、学习笔记、智能儿童手表	课程、资料包、培训班试听名额
直播演艺	门票、饮料、话筒、名人签名、定制产品	直播特权、VIP 会员权限
电子产品	路由器、充电宝、音乐 U 盘、蓝牙音箱、机械键盘、手机数据线	流量、话费、代金券、影视卡、视频软件会员
美妆美体	SPA、足疗、口红、洗面奶、防晒乳、美妆蛋、收纳盒、理发服务	优惠券、会员特权
旅游酒店	门票、机票、旅行箱、赠送早餐、观光车车票、旅行便携套装	温泉券、免费升房权限
房地产	家具、赠送面积	买房券、免租期

续表

行业	实物福利	虚拟福利
健身	手环、体验卡、瑜伽垫、瑜伽服、运动背包、电子体重秤	减肥课程、健身软件会员、电子减肥食谱
医美	面膜、玻尿酸、漱口水、凡士林、小药箱、按摩锤、蒸汽眼罩	代金券、体验券、医美顾问 1V1 服务次数
家装	盆栽、加湿器、小夜灯、床上用品四件套	免费设计装修方案
餐饮	饮料、"霸王餐"、菜品小样、网红甜品、火锅底料、周边玩具	优惠券、代金券、特权卡、免外送费券
母婴	绘本、奶瓶、湿巾、纸尿裤、润肤霜、硅胶勺、七巧板、故事书	优惠券、体验券、母婴课程、社群特权
医药	补剂、养生茶、保健品、洗手液、消毒水、一次性口罩	义诊、积分、优惠券、体检券

讲到这里，第 4 章获客引流的玩法就告一段落了。无论是通过主动引流或被动引流添加好友、直接拉群，还是先添加好友再拉群，或先拉群再添加好友，这 4 种私域流量沉淀方式都有各自的优点和缺点。如表 4-3 所示，我从营销触点、优点、缺点、适用场景、推荐指数等方面对这 4 种沉淀方式进行了总结，企业应综合自身运营阶段、运营目标、人力资源等方面的实际情况做出选择，不能一概而论。

表 4-3　对 4 种私域流量沉淀分式的总结

沉淀方式	营销触点	优　点	缺　点	适用场景	推荐指数
仅添加好友	①一对一群发；②朋友圈营销	①服务质量更高；②有利于收拢负面信息	①运营压力大	①高端宴请；②高级 VIP 客户一对一维护；③医药行业	★☆☆☆☆
仅拉群	①群消息触达	①客户承接量大；②运营效率高；③人力成本低	①不利于收拢负面信息；②需要维持社群日常运营，否则容易变成"沉默"群	①快闪群；②电商发单群；③社区物业通知群	★☆☆☆☆
先添加好友再拉群	①一对一群发；②朋友圈营销；③群消息触达	①客户留存率高；②群管理员可分担运营压力；③丰富客户画像；④客户进群获得私域权益难度低；⑤有效过滤发广告的客户	—	①客户成功团队多对一服务；②线上引流，如公众号文章、直播等	★★★★★

续表

沉淀方式	营销触点	优　点	缺　点	适用场景	推荐指数
先拉群再添加好友	①群消息触达；②一对一群发；③朋友圈营销	①社群客户沉淀为企业微信的真正客户；②筛选优质客户添加好友，好友质量高	①运营压力大；②添加企业微信好友的漏斗变窄，添加好友难度高；③客户留存率低；④无法有效过滤发广告的客户且难以拦截	线下引流，如连锁门店、城市群、区域群等，社群作为过滤器，将客户引流到个人微信中	★★★☆☆

至此，大家对于企业微信获客引流应该已经有了更深的理解，第 5 章将重点介绍如何实现客户促活转化。

第 5 章

营销玩法：促活转化

5.1 打造专业、贴心的一对一互动，高效促活留存

将客户添加到企业微信中仅仅是与客户建立联系的第一步，要想将客户从"流量"变为"留量"，实现进一步的转化，你还需要花多一点心思。很多人一听到"一对一互动"，除了私聊，还很容易想到群发。其实除了群发，企业微信还有几个工具可以帮你高效触达上万个客户。

5.1.1 联系人主页名片：打造企业统一对外窗口

与微信不同，企业微信支持在员工名片入口自定义对外信息展示。有了对外信息展示，如果企业有 1000 名员工，那么这些员工就是企业免费的"移动广告牌"。员工每添加一个客户，就会将官网、朋友圈、商城小程序等入口展示给一个人。

企业微信个人名片入口支持添加 3 种不同类型的字段。首先，你需要打开企业微信管理后台，依次点击"我的企业"—"通讯录管理"—"对外资料显示"并选择"修改"，如图 5-1 所示。

然后，你需要点击如图 5-2 所示的"+添加自定义信息"按钮，即可创建 3 种类型的字段，支持如图 5-3 所示的文本、网页和小程序。

图 5-1　企业微信管理后台修改"对外资料显示"

图 5-2　添加自定义信息

图 5-3　支持 3 种类型的字段

最后，你需要进入企业微信管理后台的"通讯录"页面，选择某个员工点击"编辑"按钮就可以编辑具体的内容了。接下来，我会分别说明这 3 种类型的字段的配置方法和对外展示效果。

① 文本。如果是文本类字段，那么你直接在编辑页面的输入框中输入文本即可，如图 5-4 所示。

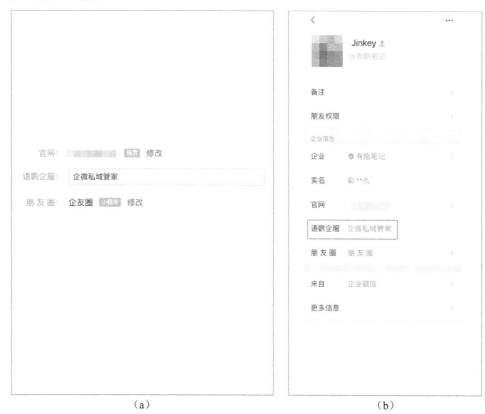

（a）　　　　　　　　　　　　　（b）

图 5-4　文本类字段的配置方法和对外展示效果

② 网页。如果是网页类字段，那么你需要填写网页名称和网页地址，如图 5-5 所示。

③ 小程序。如果想把小程序（如商城）添加到名片中，那么你需要先将小程序绑定到企业微信管理后台，再关联已绑定的小程序，如图 5-6 所示。

（a）　　　　　　　　　　　　　　　　（b）

图 5-5　网页类字段的配置方法和对外展示效果

（a）　　　　　　　　　（b）　　　　　　　　　（c）

图 5-6　小程序类字段的配置方法和对外展示效果

学会了如何配置个人名片中的字段，我们就可以展示很多有用的信息了，如官网、商城小程序等。常见的名片入口展示参考如表 5-1 所示。

表 5-1　常见的名片入口展示参考

入　口	字段类型	举　例
微商城	小程序	微信小商店/第三方商城，文字可以写："6·18"限时特惠，图书满 200 元减 150 元
官网	网页	填写网址

续表

入　口	字 段 类 型	举　例
开发票	网页	航信-51 发票、百望-百望云
最新活动	网页	妇女节专属福利，下单就送红包封面
上班时间	文字	上午 9 点至 12 点，下午 2 点至 6 点
最新优惠码	文字	语鹦小吃店； 字段名：私域专属； 字段值：支付页输入优惠码 K5A4HS

图 5-7 所示为企业客户的个人名片示例，从中可以看出，企业不仅可以把官网、商城小程序添加到员工名片中，还可以把点餐入口、最新活动、历史朋友圈等信息展示给客户，方便客户查看。

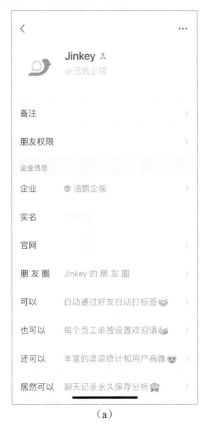

（a）　　　　　　　　　　　　　　（b）

图 5-7　企业客户的个人名片示例

图 5-7　企业客户的个人名片示例（续）

5.1.2　客户朋友圈：企业的"免费"朋友圈广告

企业微信推出的 3.0 版本打通了微信，企业可以发表客户朋友圈消息了。想让客户在浏览微信时刷到我们的朋友圈消息，我们需要通过企业微信 App 工作台中的"客户朋友圈"入口发表消息。不过，只有开启客户朋友圈权限的员工才能发表客户朋友圈消息。

1. 如何发表客户朋友圈消息

发表客户朋友圈消息，可以由有权限的员工在企业微信 App 中的"工作台"—"客户朋友圈"入口各自发表，也可以由管理员在企业微信管理后台统一下发给指定员工，并在指定员工确定后分别发表。以下是这两种方法的详细说明。

1）员工各自发表朋友圈消息

员工打开企业微信 App，进入工作台中的"客户朋友圈"入口，点击"发表"按钮，如图 5-8 所示。

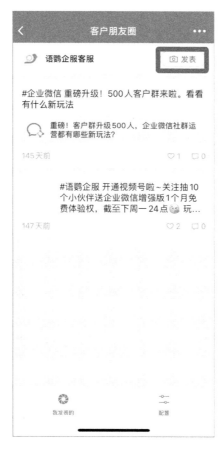

图 5-8　进入"客户朋友圈"入口点击"发表"按钮

员工在点击"发表"按钮后会进入如图 5-9（a）所示的发表页面，可以在该页面中添加以下几种组合类型的内容。

① 1 段文字。

② 1 段文字+9 张图片。

③ 1 段文字+1 个视频。

④ 1 段文字+1 个链接。

员工可以选择向某些客户发表朋友圈消息，已收到朋友圈消息的客户当天不会出现在可见的客户列表中，如图 5-9（b）所示。

（a）　　　　　　　　　　　　　　　　（b）

图 5-9　客户朋友圈的发表页面

除了员工各自发表朋友圈消息，也可以由企业管理员统一下发朋友圈消息并在员工确定后发表。

2）管理员统一下发朋友圈消息

管理员统一下发朋友圈消息有以下两条路径。

路径一：App 端下发

管理员打开企业微信 App，依次点击如图 5-10（a）所示的"工作台"—"客户朋友圈"，在如图 5-10（b）所示的"配置"页面中选择"企业发表内容到客户的朋友圈"，即可如图 5-10（c）所示发表朋友圈消息。在管理员发表后，员工会在企业微信 App 中收到提醒，点击确认即可发表。

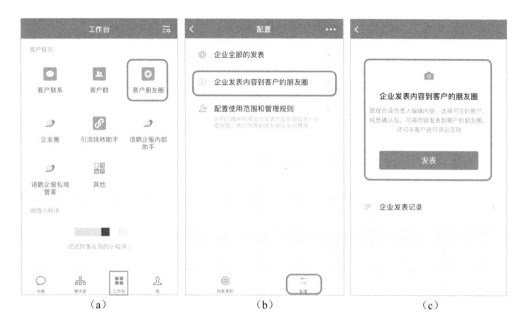

图 5-10　管理员在 App 端下发朋友圈消息

路径二：Web 端下发

管理员登录企业微信管理后台，依次点击"客户联系"—"群发工具"—"企业发表到客户的朋友圈"，选择"新建内容"即可，如图 5-11 所示。

图 5-11　管理员在 Web 端新建朋友圈内容

管理员在编辑好朋友圈内容后选择可见的客户范围，并点击"通知成员发表"按钮即可，如图 5-12 所示。

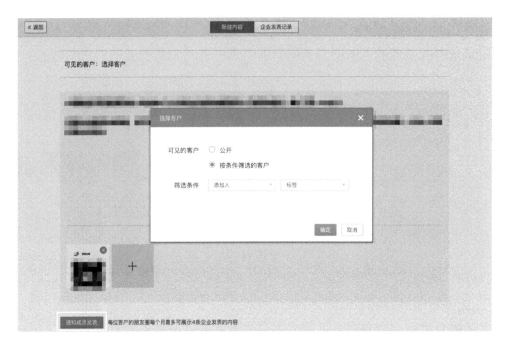

图 5-12　管理员选择可见的客户范围并点击"通知成员发表"按钮

此时，管理员所选客户对应的成员会收到一条如图 5-13（a）所示的提醒，成员进入该提醒并点击"发表"按钮，客户就会在微信中刷到这条客户朋友圈消息，如图 5-13（b）所示。

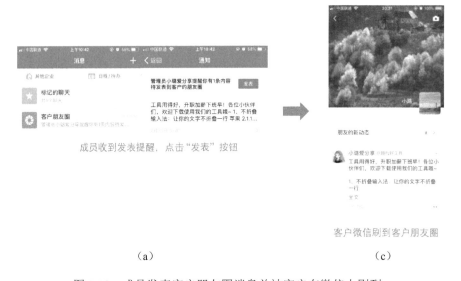

成员收到发表提醒，点击"发表"按钮

客户微信刷到客户朋友圈

（a）　　　　　　　　　　　　　　　　（c）

图 5-13　成员发表客户朋友圈消息并被客户在微信中刷到

如图 5-14 所示，如果成员未在规定时间内发表客户朋友圈消息，那么管理员还可以在后台中点击"提醒成员发表"按钮。

图 5-14　管理员在后台中点击"提醒成员发表"按钮

2. 发表频率和可展示客户数

1）朋友圈消息发表频率

与个人微信朋友圈不同，企业微信客户朋友圈对于发表次数有着严格的限制。在企业微信推出 3.1.8 版本后，员工每天可以发表 3 条内容到客户朋友圈中。以往每位客户的朋友圈每天最多可以展示 1 条员工发表的朋友圈消息，现在每天最多可以展示 3 条员工发表的朋友圈消息，这无疑提高了企业在客户朋友圈中的曝光度。

每位客户的朋友圈每月最多可以展示企业发表的朋友圈消息条数，截至我撰写本书时与原来保持一致，即 4 条/月，企业也可以在一天内用完这个额度，且企业发表内容和员工发表内容的展示限制互不影响。也就是说，企业在一个月度内最多可以发表 94 条（30×3 条+4 条）客户朋友圈消息，而同一个客户在一个月度内的某一天最多可以看到企业发表的 7 条（3 条+4 条）客户朋友圈消息。

2）朋友圈消息可展示客户数

需要注意的是，并不是企业添加的所有客户都可以看到企业发表的客户朋友圈消息，朋友圈消息可展示客户数因企业 DAU（Daily Active User，日活跃用户数）的不同而不同，可展示客户数从"10 000 人"到"所有已添加的客户"不等。员工可以点击如图5-15（a）所示的"工作台"—"客户朋友圈"，在进入如图5-15（b）所示的页面后，点击右上角的三点标志选择"应用详情"，查看如图5-15（c）所示的"企业可展示的客户数"。

图 5-15　查看朋友圈消息可展示客户数

如图 5-16 所示，员工点击如图 5-15（c）所示页面底部的"使用说明"，还可以查看客户朋友圈可展示客户数的具体规则："未验证"的企业微信，客户朋友圈最多可展示的客户数为 200 人；"已验证但不满足指标"的企业微信，客户朋友圈最多可展示的客户数为 10 000 人；"已验证且满足指标"的企业微信，客户朋友圈消息可展示给"所有已添加的客户"。

3．开启历史朋友圈

很多人有这样的习惯：每次添加一位新好友，就会首先翻看该好友的朋友圈。朋友圈是他人给我们留下的第一印象，也是企业营销的一块"宝地"。一个优秀的朋友圈是客户对企业产生信任的基础，企业务必重视这一对外窗口。

好消息是，企业微信推出了 3.1.10 版本，支持显示历史朋友圈入口了，客户在添加企业微信员工账号为好友后，点击该入口即可查看企业往期发表的朋友圈消息。但使用这一功能的前提是客户必须将微信 App 更新到 8.0.8 版本以上，因此并不是所有客户都能查看如图 5-17 所示的企业微信历史朋友圈入口。

图 5-16　客户朋友圈可展示客户数的具体规则　　图 5-17　企业微信历史朋友圈入口

　　有没有办法让所有客户都能查看历史朋友圈入口呢？答案是肯定的。早在企业微信官方开放历史朋友圈之前，就有不少企业通过自主开发或第三方企业微信服务商拥有了历史朋友圈入口，且部分第三方历史朋友圈入口无须强制更新微信就能让客户查看。

　　如图 5-18 所示，在企业通过第三方服务商开启历史朋友圈后，所有客户都能查看该入口，企业只需要按原计划在企业微信 App 的工作台中发表客户朋友圈就会自动同步到历史朋友圈入口，无须额外操作。

　　另外，受限于企业微信客户朋友圈的发表次数限制，更多的朋友圈内容，员工可以通过点击如图 5-19（a）所示的"工作台"—"历史朋友圈"，在进入如图 5-19（b）所示的页面后点击"发表"按钮进行发表。

　　总之，客户朋友圈就像企业微信为企业提供的"免费"朋友圈广告，虽然有次数限制，但是也促使企业好好利用客户朋友圈这一高效的触达方式，运营好自己的客户。那么，企业如何更好地利用这每月三四次的客户朋友圈发表次数，和历史朋友圈不限制次数的发表机会促活客户呢？接下来，我会从人设定位、朋友圈文案、朋友圈激活 3 个方面分享如何建设朋友圈内容，让你的朋友圈互动率大幅提升。

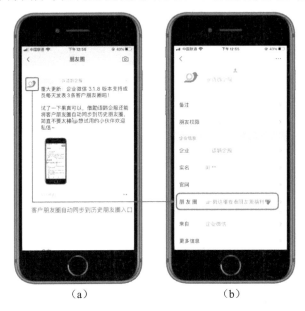

（a）　　　　　　　　　　（b）

图 5-18　客户朋友圈自动同步到历史朋友圈入口

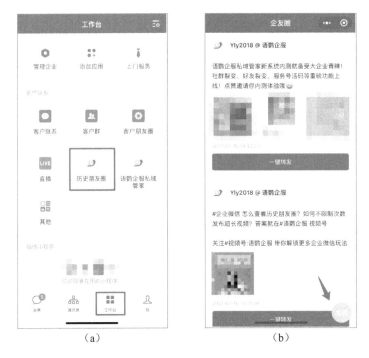

（a）　　　　　　　　　　（b）

图 5-19　通过历史朋友圈发表更多的朋友圈内容

4．建设朋友圈内容

1）人设定位

我们在发表朋友圈内容之前，首先要想清楚打造什么人设。朋友圈不适合宣传生硬的广告，我们要通过内容植入潜移默化地影响客户，并结合自身想要传达给客户的形象来打造人设。如图 5-20 所示，完美日记小完子账号把自己定位成精致生活的女孩，在朋友圈中分享出游照片、日常穿搭等内容影响客户，从而让感兴趣的客户主动询问。

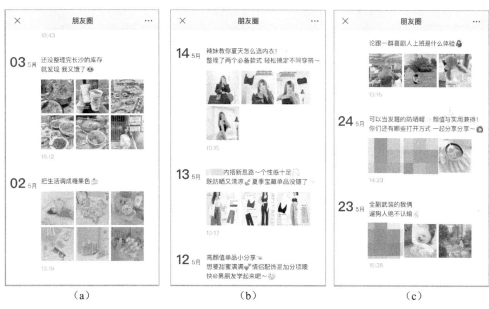

（a）　　　　　　　　（b）　　　　　　　　（c）

图 5-20　完美日记小完子账号的朋友圈

对于打造人设，你需要考虑以下因素。

① 性格。如果你每天像机器人一样在朋友圈中发广告，那么客户是不会对你产生信任的。朋友圈是一个熟人社交的空间，通过真人互动产生交流，而真人要有一定的性格：有热爱工作的人，每天在朋友圈中分享自己努力工作，以此吸引其他人加入其团队；有喜欢旅游的人，在朋友圈中分享不同地方的美景、美食，吸引感兴趣的人向其咨询相关旅游路线；有精致生活的女孩，在朋友圈中分享护肤技巧或发布自己的美照、新做的美甲、刚买的口红试妆效果等，吸引客户向其咨询，从而销售配饰和化妆品；有爱好健身的人，在朋友圈中分享自拍、健身小知识、长期坚持的跑步路线图和跑步数据等，从而销售健身课程、健身器材、营养补剂。

② 语气。真人互动的另一个重要特征是语气。在确定了性格之后，你还要有对应的语气：俏皮幽默的语气，可以向年轻人传递一个有趣搞笑的形象，获得他们的好感；严肃的语气，可以向有经济能力的中产阶层传递一个专业理财顾问的形象；嘘寒问暖的语气，可以向老年人传递一个有爱心的形象。

③ 头像。不同的头像具有不同的特点和作用：用机构 Logo、品牌 Logo 作为头像，显得更加官方和权威，可以用于政府机构、网格管理员在朋友圈中发布政务公告、公益活动等场景；用自拍作为头像，表现很强的自我认同感，真实可信，可以用于美妆行业、健身行业；用正装图片作为头像，传递专业的形象，可以用于课程顾问、理财顾问、企业服务等行业；用风景图片作为头像，展示自己的摄影技术，传递一个热爱生活、享受生活的形象，可以用于旅游、茶艺等与生活艺术相关的行业；用卡通图片或儿童图片作为头像，传递单纯、活泼、可爱、天真的形象，拉近与儿童、家长之间的距离，可以用于母婴、学前教育、儿童编程、动漫游戏、IP（Intellectual Property，知识产权）孵化等行业；用猫狗图片作为头像，传递一个喜欢小动物的形象，可以用于宠物行业。

④ 朋友圈封面图。朋友圈封面图与头像类似的地方是，二者都通过视觉图形建立客户感知；与头像不同的是，朋友圈封面图篇幅较大，可以进行一些品牌延伸，如制造业的产品效果图、定制家居企业的家装设计效果图、培训机构的上课场景图、品牌 VI（Visual Identity，视觉识别）等，让客户直观地了解你的服务内容和服务优势。

⑤ 个性签名。个性签名往往传递了人设的价值观：它可以是品牌理念，如"自律给我自由""让天下没有难做的生意""再小的个体，也有自己的品牌"；也可以是广告语，如"农夫山泉有点甜"；还可以是励志话语，如"最值得投资的是你自己，对自己好点"。

2）朋友圈文案

除了人设定位，你在日常生活中发布的朋友圈文案更能让客户真真切切地感受到人设的立体感。我们可以从哪些方面衡量朋友圈文案呢？我认为朋友圈文案应该起到以下 4 个主要作用。

① 足够专业。朋友圈文案应体现专业度，因为能为他人提供专业指导的人往往能得到他人的尊敬和喜爱。只有这样，当客户在生活和工作中遇到问题时，才会在第一时间想到你。专业度可以通过分享干货小知识来体现；如果你是一名保险经

纪人，那么你可以科普一些保险知识、保险误区或客观公正地点评热门的保险产品；如果你是一名美妆达人，那么穿搭技巧、化妆技巧、选购化妆品小窍门就是对你的目标客户来说有用的干货；如果你是一名新媒体人士，那么分享最新的行业资讯、行业动态、每日早报等，会让你成为朋友圈中非常有价值的人。

② 展示真诚。朋友圈文案只体现专业度会显得高高在上，容易与客户产生距离感，因此和客户真诚互动也很重要。我给大家提供 3 个思路：一是多一些真实的日常生活分享，包括生活感悟、自我成长、工作情况、兴趣爱好等；二是放下高高在上的专业形象，学会"求助"客户，这也是一种展示真诚的方法，如"新一期试用装活动开始了，需要收集更多的客户反馈，一会儿快递小哥要来收快递，我想给你寄一份，邀请你来体验，可以帮我这个忙吗？"三是多给粉丝送实在的福利，如经常发起抽奖、点赞互动等活动提高存在感，通过裂变活动送奖励等。图 5-21 所示为钟薛高在六一儿童节给粉丝送福利的朋友圈。

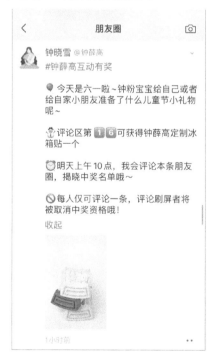

图 5-21　钟薛高在六一儿童节给粉丝送福利的朋友圈

③ 建立信任。通过朋友圈文案建立信任的方法有两种：一是权威认证，包括但不限于你获得了所在领域哪位权威人士的认可推荐、取得了哪些权威认证证书及

证书的含金量；二是客户证言，包括但不限于客户的好评、客户对服务的认可截图、客户加盖公章的公开感谢信和客户成功（Customer Success，SaaS 行业术语，指帮助客户在所在领域取得成功）案例等。这些具有权威性、真实性的证明，可以提高潜在客户对你的信任度。

④ 成交转化。除了打造企业人设定位，朋友圈文案还承载了一个重要的作用，这就是成交转化。生硬的广告容易让人反感，而通过秒杀、拼团、抽奖、福袋、代金券、限时特价、随机盲盒等送福利的方式带动成交转化，不仅不让人反感，还能引起客户的高度关注，激发客户的参与热情。如图 5-22 所示，小龙坎火锅店在 4 周年店庆时发起了"68 元抵 100 元代金券"的活动，上线 12 小时 11 000 张代金券全部售罄，效果相当不错。

图 5-22　小龙坎火锅店 4 周年店庆代金券活动

3）朋友圈激活

以下 3 个招数可以帮你快速激活朋友圈。

招数一：经常发起朋友圈点赞抽奖活动

企业通过企业微信的客户朋友圈发表的动态，客户在刷微信朋友圈时是可以看到并进行评论互动的，企业员工在收到新消息后可以随时回复评论，这样企业与客户互动就容易多了。

企业经常通过客户朋友圈发起点赞抽奖活动，吸引客户点赞参与活动领取福利，既能增加与客户的互动，又能让客户保持对企业的关注。例如，某企业即将举办周年庆活动，为了提高本地客户到店率，该企业可以发起一个如图 5-23（a）所示的朋友圈点赞抽奖活动，并投放到本地客户的朋友圈中，本地客户刷到该朋友圈就可以点赞互动，如图 5-23（b）所示。

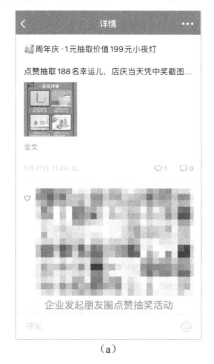

（a） （b）

图 5-23 企业发起朋友圈点赞抽奖活动示例

图 5-23 中的活动文案如下，有需要的企业可以参考。

活动主题：周年庆·1 元抽取价值 199 元小夜灯。

活动规则：点赞抽取 188 名幸运儿，店庆当天凭中奖截图，支付 1 元即可领取价值 199 元小夜灯一个。

活动要点（特别注意）如下。

① 全员发表朋友圈消息，积极引导客户点赞互动。

② 活动图片除了奖品图，还可以展示周年庆优惠宣传单。

③ 中奖人数尽量多一些，提高本地客户到店率。

④ 充分利用朋友圈的评论功能，一键提醒客户到店购买。

企业为什么要特别注意以上 4 点呢？要点①，点赞人数在一定程度上决定了活动的火热程度和后续通知的触达广度；要点②，如果客户知道除了抽奖福利，周年庆其他商品的价格也很优惠，其参与度就会大大提高；要点③，适当提高中奖率（不能太高，否则活动的价值感会下降），可以根据活动效果追加中奖人数；要点④，在要点①的铺垫下，借助客户朋友圈的评论功能，员工可以公布中奖名单并多次触达、提醒客户到店购买。

由于企业微信客户朋友圈发表次数的限制，因此我建议将中奖名单公布到员工名片中的历史朋友圈入口（历史朋友圈的具体开启方法详见上文），并在该店庆朋友圈下发表一条评论进行说明。

员工可以先在历史朋友圈入口公布中奖名单，如图 5-24 所示，再到该店庆朋友圈评论区中评论"中奖名单已公布，快戳我头像看看你中奖了吗？"

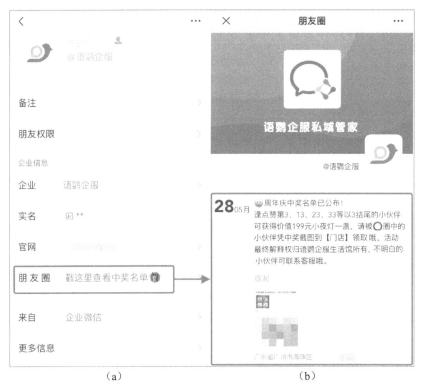

（a）　　　　　　　　　　　　　　　（b）

图 5-24　历史朋友圈入口公布中奖名单

具体操作方法如下。

第一步：历史朋友圈公布中奖名单

员工打开企业微信 App，进入"工作台"—"历史朋友圈"发表图文动态，配上文字和中奖截图，如图 5-25 所示。

第二步：客户朋友圈发表评论

员工打开企业微信 App，进入"工作台"—"客户朋友圈"，找到该点赞抽奖的店庆朋友圈发表评论，如图 5-26 所示。

图 5-25　历史朋友圈公布中奖名单　　　　图 5-26　客户朋友圈发表评论

此时，客户会在微信中收到一条通知，点击员工头像即可查看自己是否中奖。策划这个活动有一个小技巧，即"要求中奖客户必须到店兑换奖品（不支持快递寄送）"，这样，企业还怕客户到店率低吗？客户到店后看到周年庆的其他优惠商品，还不收入囊中？

通过上文的具体操作方法，企业就可以实现"策划—宣传—互动—兑奖—转化—再次触达"的闭环了。在第 8 章中，我会分享一个"钟薛高朋友圈点赞送福利"的示例，相信你在学完后，再回过头来看这个"点赞送福利"快速激活朋友圈的招数，就能融会贯通了。

招数二：朋友圈联动社群，让流量沉淀

由于客户朋友圈发表次数的限制，因此我建议企业珍惜每一次发表朋友圈消息的机会，并将朋友圈的流量引流到社群中，让流量沉淀。

如果没有较多人手和精力长期运营社群，那么我建议企业结合产品上新、节假日活动等特殊时间段发起快闪群。发起快闪群的方法很简单，如果企业预计参与人数较多，那么可以先在企业微信管理后台创建长期有效的群活码，再配上文案发表到客户朋友圈中。

招数三：朋友圈更新引导访问

由于客户朋友圈发表次数的限制，如果企业上新速度较快，那么可以把每日新品更新到员工名片中的历史朋友圈入口，如图 5-27（b）所示。历史朋友圈不限制发表次数，且通过如图 5-27（a）所示的群发助手（5.1.4 节会详细说明），还可以让客户养成点击员工的头像查看历史朋友圈的习惯，如图 5-27（c）所示。

图 5-27　朋友圈更新引导访问示例

教育或互联网等行业中的企业也可以将每天的早报、晚报、干货等内容发表到历史朋友圈中，我相信如果企业经常输出对客户有价值的内容，就可以形成较强的客户黏性。

5.1.3 欢迎语：初次见面的第一印象

企业在初次见面时的响应速度、打招呼方式等，可以让客户形成对企业的第一印象。企业微信可以配置自动应答欢迎语，还可以结合社群、见面红包等玩法实现更多的功能，下面我会一一说明。

1. 如何配置自动应答欢迎语

自动应答欢迎语的配置有以下 3 种方法。

1）在企业微信 App 中配置

管理员打开企业微信 App，依次点击如图 5-28（a）所示的"工作台"—"客户联系"，选择如图 5-28（b）所示的"欢迎语"板块，即可进入如图 5-28（c）所示的页面配置欢迎语。欢迎语的组合形式有以下两种。

① 1 段文字。

② 1 段文字+最多 9 个附件。

在管理员完成配置后，客户添加成员为联系人将立即收到该自动应答欢迎语。

（a）　　　　　　　　　　（b）　　　　　　　　　　（c）

图 5-28　在企业微信 App 中配置欢迎语

2）在企业微信管理后台中配置

欢迎语也可以在企业微信管理后台中配置。管理员打开企业微信管理后台，依次点击"客户联系"—"加客户"—"欢迎语"，即可为有外部联系人权限的成员配置欢迎语，如图 5-29 所示。

图 5-29　在企业微信管理后台中配置欢迎语

欢迎语可以填写最多 1000 个文字和最多 9 个附件，附件类型支持图片、视频、文件、链接和小程序，如图 5-30（a）所示。其中，小程序必须是已绑定到企业微信管理后台的小程序（管理员可以按照"应用管理"—"应用"—"创建应用"—"已有小程序快速创建"的操作方法进行绑定）。

3）在第三方管理后台中配置

如图 5-28（c）和图 5-30（a）所示，企业微信自带的欢迎语配置功能默认的使用范围是"全体成员"，若企业需要为每个部门或每个员工配置不同的个性化欢迎语则非常麻烦。在这种情况下，企业在第三方管理后台中配置欢迎语会更加方便，而且具备以下明显优势。

① 欢迎语可以根据不同部门、不同员工进行配置。

② 欢迎语可以动态插入用户昵称、销售昵称，显得更加真实。

③ 欢迎语可以实现对客户自动打标签、自动备注等功能。

（a）　　　　　　　　　　　　　　　　　　（b）

图 5-30　配置欢迎语

图 5-31 所示为企业基于组织架构为部门或员工配置不同的欢迎语。例如，我选中"语鹦企服"这个部门，即可配置整个部门的欢迎语；如果我同时开启了"覆盖下级"按钮，我配置的欢迎语就会对该部门下的所有子部门生效。

图 5-31　企业基于组织架构为部门或员工配置不同的欢迎语

当我选中员工小路时，即可为该员工配置单独的欢迎语。这样，在客户通过手机号添加、群内添加、分享二维码添加、分享名片添加等方式添加该员工时，系统会自动发送提前配置的欢迎语。

2．勾勒客户画像

在个性化欢迎语的配置项中，我们可以配置如图 5-32 所示的相关信息。

图 5-32　个性化欢迎语的配置项中可以配置的相关信息

1）自动备注

当昵称为 Jinkey 的用户添加员工为好友时，按照企业微信设定的自动备注规则"<MM><DD>-<用户昵称>"，系统可以将用户自动备注为"0526-Jinkey"，代表该外部联系人是通过 5 月 26 日的活动添加的用户 Jinkey。自动备注的具体规则如表 5-2 所示。

表 5-2　自动备注的具体规则

类　　型	自动备注规则	自动备注效果
4 位数年份	\<yyyy\>-\<用户昵称\>	2020-Jinkey
2 位数月份	\<MM\>-\<用户昵称\>	05-Jinkey
2 位数日期	\<DD\>-\<用户昵称\>	26-Jinkey
年月	\<yyyy\>\<MM\>-\<用户昵称\>	202005-Jinkey
月日	\<MM\>\<DD\>-\<用户昵称\>	0526-Jinkey

2）自动描述

描述的长度不超过 150 个字符，位于企业微信个人名片中的描述字段，一般用于记录展会信息、会场信息等。例如，某话剧企业让观众扫描特定的员工活码，在观众扫描后，系统会自动将其描述为"场外海报-×××话剧-广州大剧院"，如图 5-33所示。

图 5-33　自动描述示例

3）自动打标签

当客户通过不同渠道的员工活码添加企业员工为好友时，系统会自动对客户打上不同的渠道标签，如图 5-34 所示。

（a）　　　　　　　　　　　　　　（b）

图 5-34　对不同渠道的客户自动打上不同的渠道标签

除此之外，企业微信还能打通已有订单系统为客户自动打标签，如表 5-3 所示。

表 5-3　打通已有订单系统为客户自动打标签

已 有 订 单	标　　签
购买过婴幼儿奶粉	人群-宝妈
年购买金额 10 万元	人群-"土豪"
购买过茶艺课程	课程-茶艺
购买过插花课程	课程-插花

4）动态更新客户标签

事实上，有一些客户画像是具有成长性、变化性的，如年龄、学历、职位、工作年限等。例如，企业为某个客户在 2015 年录入"应届毕业生"的画像，那"标签组-工作年限"可以在 2016 年更新为"1～3 年"，在 2019 年更新为"3～5 年"，在 2021 年更新为"5～10 年"等。又如，某个客户于 2021 年在经期助手小程序中录入怀孕记录，那"标签组-人群"可以根据周数为该客户自动打上标签"宝妈-孕 x 周"，在 10 个月后更新为"宝妈-0～1 岁"，在 1 年后更新为"宝妈-1～2 岁"等。企业可以针对不同的客户标签，精准推送不同的文章、服务、知识小干货等，实现精准化营销。

3．欢迎语应该怎么写

当客户初次添加你为好友或加入群聊时，你要让客户明白你能向其提供哪些服务、哪些价值，给客户一个不删除你的理由，这对提高客户留存率非常重要。

1）设置福利点

客户一般是看到你的海报或在线下交流时认为你能为其带来某方面的价值而添加你为好友的，因此你的欢迎语必须与海报宣传保持一致，如海报宣传的是添加好友满 100 元减 50 元，那么你在添加客户为好友时必须提及这个优惠券或活动的详细链接，保证客户体验流程的连贯性，不要让客户有被欺骗的感觉。图 5-35 所示为客户在添加好友时可以获得的福利点示例。

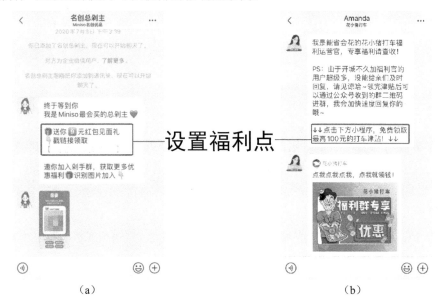

图 5-35　客户在添加好友时可以获得的福利点示例

2）设置交流点

除了福利优惠，微信本身是一个社交软件，与微博类似，它能缩短企业与客户之间的距离，建立直接沟通；同时，微信不仅是一个社交软件，还是一个即时通信工具，及时得到回复是它的特性，企业与客户能通过微信直接进行无延迟的对话沟通，进一步拓宽双方的对话空间，增加客户对企业的信任感，因为一旦在使用过程中出现问题，客户就能在微信找到企业中"能管事"的人帮助解决。所以你应该在欢迎语中说明沟通渠道，让客户知道你能提供哪些服务，如产品使用咨询、售后咨询或助教辅导等。图 5-36 所示为企业与客户的交流点示例。

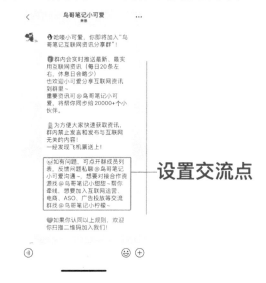

图 5-36　企业与客户的交流点示例

3）设置留存点

在客户因为福利点添加你为好友后，你还应该告诉客户你能在以后向客户提供哪些价值，促使客户长期留存而不是在领完优惠券后马上删除你，如图 5-37 所示。

（a）　　　　　　　　　　　（b）

图 5-37　留存点留存客户示例

4）设置行动点

除了领取优惠券等福利，我们一般还会通过欢迎语中的行动点（如图 5-38 所示）引导客户进行下一步操作，如进群、领取资料等，从而提高客户留存率、减少私聊对客户的强打扰，创造一个相对高留存、弱打扰的空间。常见的行动点如下。

① 进群。

② 领取资料。

③ 填写报名或预约信息。

④ 领券。

⑤ 购买。

⑥ 签到。

⑦ 邀请好友完成任务。

⑧ 学习课程。

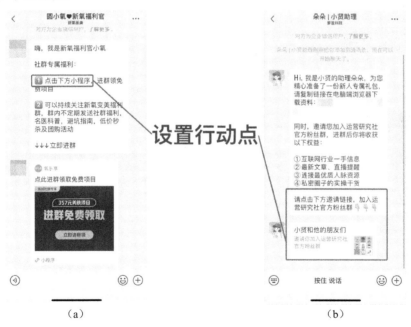

图 5-38　通过欢迎语中的行动点引导客户进行下一步操作示例

4. 欢迎语联动社群玩法

1）自动拉群

除此之外，我们还可以通过发送"1 段文字+进群邀请"自动邀请客户进群，如

图 5-39 所示。当客户扫描某渠道活码添加员工为好友时，员工将自动通过客户添加好友的申请并自动发送进群邀请链接。我会在下文中详细说明如何完成这一操作。

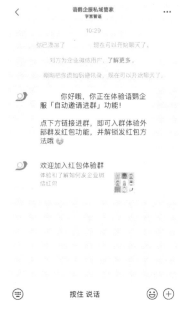

图 5-39　自动邀请客户进群

第一步：创建并下载企业微信群活码

首先，管理员在企业微信管理后台创建企业微信群聊，在"客户联系"中的"加客户"—"加入群聊"页面，点击如图 5-40 所示的"通过二维码加入群聊"。

图 5-40　点击"通过二维码加入群聊"

管理员如图 5-41 所示完善群活码设置信息，包括可加入的群聊、入群设置和备注等，其中"可加入的群聊"可以选择至少 1 个、至多 5 个企业微信群聊，管理员在填写完毕后点击"创建"按钮即可。

图 5-41 完善群活码设置信息

此时，我们在"加入群聊"页面中可以看到刚刚创建的企业微信群活码，点击如图 5-42 所示的"下载"可以将群活码保存备用。

图 5-42 下载群活码保存备用

第二步：添加好友自动邀请进群

此时，我们将第一步下载的群活码添加到企业微信欢迎语中，即可实现自动邀请客户进群。但企业微信自带的欢迎语功能不支持直接插入群聊类型的附件，我们需要借助企业微信第三方工具来实现。图 5-43 所示为企业微信第三方工具，它支持在欢迎语中直接上传群活码自动生成进群邀请链接。我们只需要填写相关信息，并在"附加多媒体"处选择"群聊"类型、上传第一步下载的群活码，即可实现如图 5-39 所示的自动邀请客户进群效果。

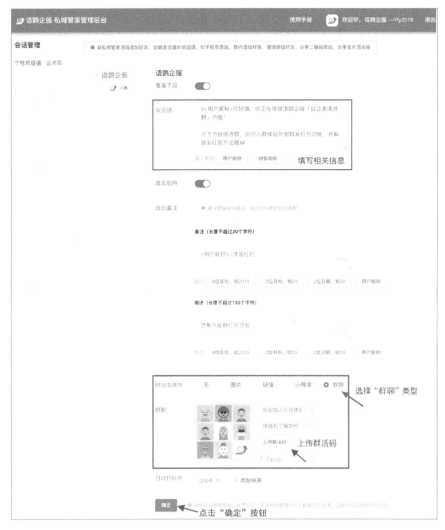

图 5-43　支持在欢迎语中直接上传群活码自动生成进群邀请链接的企业微信第三方工具

在完成以上两步后，客户在添加员工微信的第一时间就能收到进群邀请了，点击邀请卡片即可进群。如图 5-44 所示，已经有不少企业通过自动拉群大大提高了工作效率。

图 5-44　企业自动拉群效果示例

2）关键词进群

以往在使用某些违规工具的过程中，很多人习惯借助它们实现私聊关键词触发自动回复的功能，如自动回复资料包、自动邀请进入对应群聊等。但是，由于企业微信没有开放私聊自动回复的接口，因此任何使用违规工具实现私聊自动回复的功能都存在风险。那么有没有什么合规的方法呢？

在企业微信中，我们可以通过表单或关键词搜索合规地实现这一功能，与上文中的自动拉群类似，在实现该功能后欢迎语会自动发送一个链接，客户通过点击链接或搜索关键词即可进入对应的群聊。此外，该功能还可以限制每个客户的进群上限，防止客户"爆粉"。图 5-45 和图 5-46 所示为两种分流进群的机制。

3）定位进群

当企业有很多营业厅、体验店、线下门店、服务网店，或者希望按城市运营客户社群时，需要使用定位进群的功能。在客户添加员工微信为好友时，员工微信会自动发送一个定位进群的链接，该链接可以获取客户定位并推荐客户进入附近的微信群。定位进群的客户路径如图 5-47 所示。

（a）

（b）

图 5-45　点选进群的机制

（a）

（b）

（c）

图 5-46　先登录再选择进群的机制

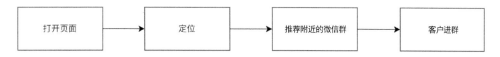

图 5-47　定位进群的客户路径

企业通过自主开发或使用企业微信第三方工具即可实现定位进群的功能，还可根据实际情况设置定位进群的类型，如根据行政区域（城市群）、门店周边、电子围栏等设置定位进群的规则。

通过选择特定行政区域，企业可以邀请客户进入不同的城市群，如图 5-48 所示。在设置完规则后，当客户的定位或 IP 地址在该行政区域内时，页面会显示该行政区域内的进群途径让客户进群。

图 5-48　通过选择特定行政区域邀请客户进入不同的城市群

企业可以通过在地图上选择并标记特定的 POI 点位（门店的经纬度），圈选以门店为圆心、以 500 米至 1 万米为半径的区域，邀请客户进入不同的门店群，如图 5-49 所示。在设置完规则后，当客户的定位或 IP 地址在该门店周边时，页面会显示该门店周边的进群途径让客户进群。

图 5-49　选择并标记特定 POI 点位邀请客户进入不同的门店群

除此之外，企业还可以通过点和线围起一定区域创建电子围栏，如图 5-50 所示。电子围栏常用于网格管理，网格管理员可以邀请居民加入网格群。例如，小区的这边几座楼属于网格 A，那边的几座楼属于网格 B，当某座楼的居民扫码时，系统可以定位对应的网格群并让居民进群，便于网格管理员发布社区资讯。电子围栏定位进群也可以用于快递配送网点这种有明确的片区划分，而不是基于门店周边范围的场景。

在设置完规则后，客户定位进群的路径如图 5-51 所示。客户扫码或点击收到的链接即可定位到并直接打开符合条件的微信群，且企业可以设置在进群前先验证手机号、微信授权登录或只允许会员进群等规则，限制黑名单客户进群或限制客户进群的频率和数量。

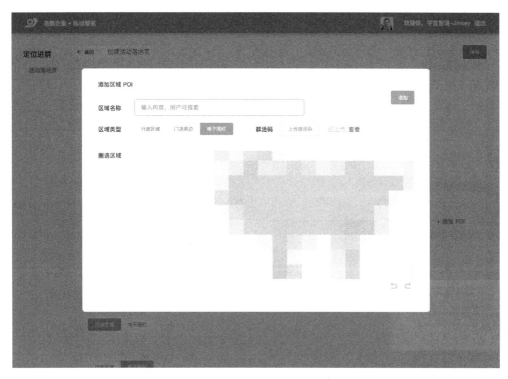

图 5-50 通过点和线围起一定区域创建电子围栏

| （a） | （b） | （c） |

图 5-51 客户定位进群的路径

5. 欢迎语联动见面红包

添加好友发送随机红包是一种增加泛粉（没有太大精确性的粉丝）的有效方式，如图 5-52 所示，红包金额一般在 0.3～1 元之间，企业也可以根据自身的情况设置合适的金额。这样的活动要注意配置风控条件，如领取红包的条件可以是绑定手机号、微信号登录，每个账号只能领取一次，不能重复领取；链接转发无效；每日活动金额控制在 100～200 元之间，超额时提示"活动已超过限制，明天再来吧"等，但要注意活动限额应在活动文案中提前向客户说明，否则可能会被客户投诉举报。

图 5-52 添加好友发送随机红包

6. 客户调研：留资表单

可能很多人在微信朋友圈中见到过如图 5-53 所示的一类广告，如果客户想领取福利，就要填写相关的信息，之后会出现相应工作人员的联系方式，客户添加工作人员为好友即可领取福利。

图 5-53　朋友圈常见的一类广告

留资获客主要用于获客、获取客户信息、调研客户画像等场景。以企业投放微信朋友圈广告获客为例，企业需要提前设置获客表单，并在广告页面的按钮上添加链接，客户在查看广告并提交资料后，就可以添加企业员工为微信好友进行沟通了。留资获客流程如图 5-54 所示。

将表单发送给客户

（a）

客户填写并提交表单

（b）

将信息自动备注到客户名片

（c）

图 5-54　留资获客流程

客户在填写完手机号等信息后即可自动被分流给对应的客服人员或群聊，客服人员会自动发送对应的福利或进群邀请欢迎语，并将表单信息自动备注到客户名片中，实现自动化获客及客户转化。

图 5-55 所示为企业借助企业微信第三方服务商的留资表单功能实现留资获客，员工先点击"留资获客"，再点击"创建表单"按钮，最后按照提示填写基础信息、设计表单即可完成并使用表单。

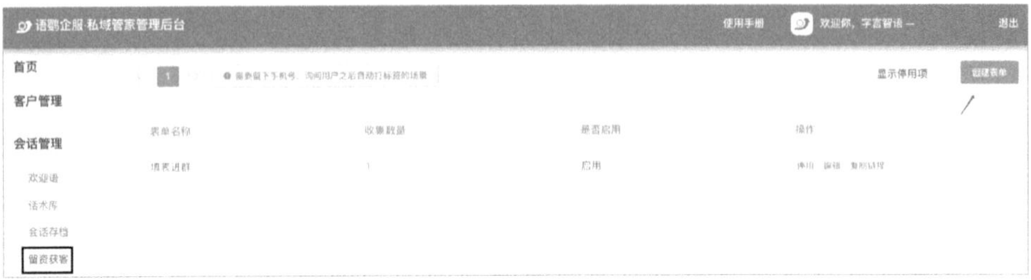

图 5-55 借助企业微信第三方服务商的留资表单功能实现留资获客

表单字段支持文本、电话号码、单选、多选、日期、图片等类型，每种表单类型都有对应的使用场景和动作，如图 5-56 所示。

图 5-56 表单字段支持的类型

常用表单的类型、使用场景和动作如表 5-4 所示。

表 5-4　常用表单的类型、使用场景和动作

类　　型	使用场景	动　　作
文本	身高、体重、职位、公司名、微信号、QQ 账号、自我介绍	覆盖到公司名 覆盖到备注 追加到描述 覆盖到描述
电话号码	电话号码	覆盖到手机号 追加到手机号
单选	性别、毕业年份	自动打标签
多选	课程偏好、兴趣爱好、常去城市	自动打标签
日期	生日	追加到描述
图片	照片、名片	覆盖到附件字段

除了表单字段，企业还需要配置一些基础字段，如图 5-57 所示。

图 5-57　企业还需要配置的一些基础字段

①　网页标题。表单的标题和名称会显示在客户打开的网页顶部的导航栏中，如"语鹦企服产品体验申请"。

②　网页描述。表单的摘要。

③　提交后跳转链接。在客户完成表单之后，页面可以自动跳转到新的链接，

进一步引导客户进行关注服务号、关注企业微信等操作。客户填写表单有两条路径：一是"添加好友—欢迎语发送表单—客户填写表单—自动对客户打标签—改备注"，二是"在公众号等渠道分发表单—客户填写表单—添加好友—自动对客户打标签—改备注"。对于第一种已经添加好友的客户，系统也可以在客户填写表单后跳转到对应的链接。

④ 结束时间。在超过结束时间后，系统提示表单填写已结束，此字段常用于课程报名的场景。

在配置完以上基础字段后，员工点击如图 5-57 所示右上角的"保存"按钮就可以了，然后如图 5-58 所示点击"复制链接"，即可将表单投放到社群、公众号、朋友圈广告等渠道中。

图 5-58　点击"复制链接"投放表单

除此之外，员工打开聊天侧边栏工具还可以看到如图 5-59（a）所示自动创建的留资获客话术库，点击话术库即可将表单发送给现有客户。

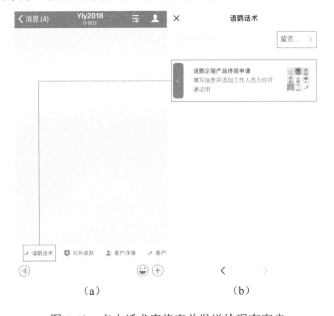

（a）　　　　　　　　　（b）

图 5-59　点击话术库将表单发送给现有客户

需要注意的是，通过话术库发送的表单已经绑定了客户 ID，客户在填写表单并提交后不再跳转到扫描二维码页面，但可以跳转到新的链接页面，而表单信息依然会备注到客户名片中。如果想邀请客户对服务进行评价，那么企业可以通过话术库中的留资获客表单来实现。

5.1.4　消息群发助手：精准群发，高效促活

微信具备消息群发功能，但不支持群发链接，一次只能选择 200 个人进行群发，且 iOS 系统需要一个个选择好友，不能批量选择，在发送 2～3 次后就会被提示操作频繁，无法再选择好友进行群发，效率很低。

企业微信同样支持消息群发，但可以一次性选择在当天活跃的 200 个客户，若客户数量超过 200 个则可以分多次进行批量选择，在群发时可以添加文字、图片和链接，非常高效。除此之外，企业微信还支持根据标签精准群发的功能。

1．如何群发消息

群发消息的操作方法如下。

① 员工群发。员工打开企业微信 App"工作台"，点击如图 5-60（a）所示的"客户联系"—"群发助手"板块，再点击如图 5-60（b）所示的"向我的客户发消息"，如图 5-60（c）所示，群发消息支持插入 1 段文字+图片/视频/网页/小程序。

（a）

（b）

（c）

图 5-60　员工群发

② 企业群发。企业微信管理员也可以在企业微信 App 的"工作台"中，从如图 5-61（a）所示的"客户联系"—"群发助手"板块看到如图 5-61（b）所示"向企业的客户发消息"的入口，点击即可编辑群发消息，支持按添加人和标签筛选客户，最后点击如图 5-61（c）所示的"通知成员发送"按钮即可。

（a）　　　　　　　　　（b）　　　　　　　　　（c）

图 5-61　企业群发

此时，成员会在企业微信中收到一条确认群发消息的提醒，确认即可将消息群发给客户。若在管理员下发群发任务后，成员一直未进行确认，则管理员可以查看未确认的成员，并有 3 次提醒成员发送消息的机会。管理员也可以在群发助手中查看成员的"全部群发记录"及发送详情。

消息群发助手作为一个高效触达客户的工具，支持企业结合客户画像、浏览轨迹等筛选特定标签进行差异化群发，大大提高了营销的精准度。

2．群发频率

企业微信的"群发助手"支持一次选择 200 个客户进行群发，若客户数量超过 200 个，则可以分批群发；同一个客户每天只能收到员工发布的 1 条群发消息，已收到消息的客户当天不会出现在可发送的客户列表中，且同一个客户每月只能收到企业发布的 4 条群发消息。

3．发送内容

群发什么内容可以既让客户比较感兴趣又不会显得生硬呢？企业可以参考以下几种类型。

① 询问近况。例如，教育机构想了解学生参加培训后的效果。

亲爱的家长，你好！孩子在参加培训后，用英语交流起来更顺畅、自信了吧？

② 干货小知识。例如，经常向孕妇群体科普一些孕期小知识也是一个不错的选择。

今日分享：三种食物帮助孕妇抵抗妊娠纹。

西红柿——富含茄红素，其抗氧化能力可有效预防妊娠纹。

猪蹄——富含胶原蛋白，但脂肪含量较高，不宜多吃。

猕猴桃——富含维生素 C，预防色素沉淀。

③ 引导客户查看朋友圈。我们知道企业微信的客户朋友圈有发表次数的限制，但历史朋友圈没有限制，因此引导客户查看朋友圈可以提高客户对企业的关注度，如图 5-62 所示。

图 5-62　引导客户查看朋友圈

④ 产品上新。当有新功能上线、新产品上架线上商城，或线下门店有新产品时，企业也可以如图 5-63（c）所示群发消息通知预订了某个新产品或新功能的客户（以标签为标识），这样可以更有效地提高下单率。

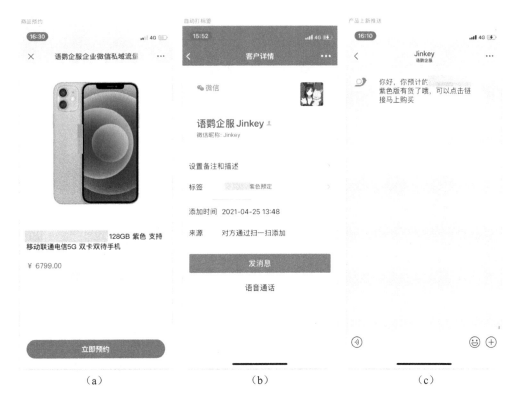

（a）   （b）   （c）

图 5-63   产品上新按标签群发信息

⑤ 群发公众号文章。很多企业为了打响品牌会运营公众号，将公众号中的文章群发给客户可以让客户对企业或产品有更多的了解，如图 5-64 所示。当然，企业应发布对客户来说真正有用的内容，而非骚扰广告。

⑥ 跟进客情。客户的每一次购买离不开企业的用心服务，员工需要及时跟进客情，这样既能拉近与客户的关系，又能促成交易。对于没有开通会员的客户，企业可群发活动结束时间进行提醒，避免客户因为忘记而错过活动，如图 5-65 所示。

图 5-64 群发公众号文章

图 5-65 跟进客情提醒客户

5.2 打造高效的一对多互动，用企业社群玩转私域流量

一对一沟通可以为客户提供专属服务的感觉，而一对多沟通有利于打造高效互动的社群氛围，特别是当企业人手不足的时候，将客户拉到同一个社群中进行统一管理也是一个不错的方式。企业微信社群自带的工具和功能，可以让社群管理工作变得更加得心应手。5.2 节将教你如何轻松玩转企业微信社群。

5.2.1 如何创建企业微信社群

要对客户统一进行社群管理，首先需要有一个社群。如何创建企业微信社群呢？我会分享以下 3 个方法。

方法一：创建一个客户群

打开企业微信 App，进入"工作台"—"客户群"页面，你可以看到如图 5-66（a）所示的"创建一个客户群"按钮，点击即可创建一个只有群主的客户群，点击如图 5-66（b）所示对话窗口上方的"邀请微信用户进群"并点击"立即填写"设置群名，或点击右上角的人像图标，可以如图 5-66（c）所示"填写群名"并"添加成员"。

图 5-66　创建客户群

方法二：发起群聊

在进入企业微信 App 主页后，你需要点击如图 5-67（a）所示右上角的"⊕"按钮，并选择至少 1 个客户和 1 个员工，或至少 2 个客户，才能成功发起群聊。需要注意的是，如果你在发起群聊时选择的 2 个员工都是如图 5-67（b）所示"企业通讯录"中的员工，不包含客户，那么你发起的群聊是内部群聊而非外部群聊，客户无法进入。客户能进入的群聊在如图 5-67（c）所示的箭头位置会显示"外部"字样的标识，如果没有显示"外部"标识，而显示"全员"标识或没有显示标识，那么表明该群聊是内部群聊。

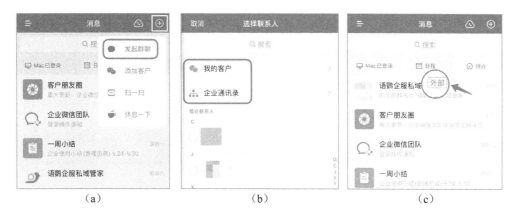

图 5-67　发起群聊

方法三：通过群活码创建社群

除了以上两个创建企业微信社群的方法，企业也可以通过群活码创建社群。如图 5-68 所示，管理员在企业微信管理后台创建群活码时，如果选择"可加入的群聊"为"新建群聊"，那么系统将以所选群主账号为群主在企业微信 App 中自动创建新群；如果是"选择已有群聊"且群聊个数小于 5 个，那么系统会在所有已有群聊都满 200 个人后自动创建下一个外部群。

图 5-68　通过群活码创建社群

以上就是常见的 3 个创建企业微信社群的方法。在创建好社群后，我们来看一看企业微信社群管理都有哪些工具和玩法吧！

5.2.2 高效的企业社群管理工具

"工欲善其事，必先利其器"，5.2.2 节将分享在企业微信中进行社群管理常用的工具和功能，包括入群欢迎语、自动回复机器人、防骚扰自动踢人、客户群群发助手等。

1．入群欢迎语：客户群的第一次互动

1）为什么要配置入群欢迎语

在客户入群的第一时间送上欢迎语，一是能让客户产生受欢迎的感觉；二是能让客户快速明白这个社群是做什么的、在群里会有什么收获等，大大降低了沟通难度；三是能快速活跃群内氛围，避免社群气氛变得冷清。

2）创建入群欢迎语素材库

为了方便企业配置入群欢迎语，企业微信提供了创建入群欢迎语素材库的功能。素材库可以由管理员统一配置，也可以由群主自主创建，方便企业快速调用。

（1）管理员"配置成员的入群欢迎语"

如图 5-69 所示，管理员登录企业微信管理后台，在"客户联系"模块打开"加客户—入群欢迎语"页面，即可创建入群欢迎语素材。管理员也可以打开企业微信 App "工作台"，在如图 5-70（a）所示的"客户群"页面中点击"入群欢迎语"板块，选择如图 5-70（b）所示的"配置成员的入群欢迎语"，即可如图 5-70（c）所示"编辑入群欢迎语"。

管理员最多可以配置 100 句入群欢迎语，素材库支持动态修改。在管理员配置好入群欢迎语后，群主就可以通过素材库快速选择合适的入群欢迎语了。

（2）群主创建"我的入群欢迎语"

除了管理员，群主也可以创建入群欢迎语素材库。群主需要打开企业微信 App "工作台"，在如图 5-71（a）所示的"客户群"页面中点击"入群欢迎语"板块，选

择如图 5-71（b）所示的"我的入群欢迎语"，在如图 5-71（c）所示"我的入群欢迎语"页面中，可以看到由管理员和群主创建的欢迎语。

图 5-69　管理员在企业微信管理后台创建入群欢迎语素材

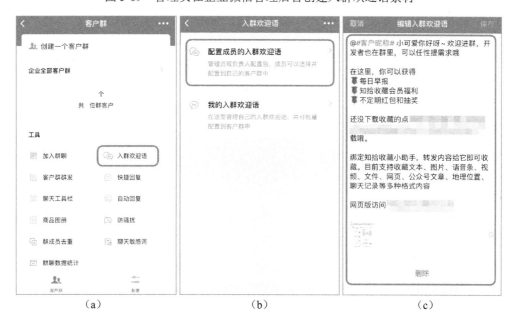

（a）　　　　　　　　　　　（b）　　　　　　　　　　　（c）

图 5-70　管理员在企业微信 App 中选择"配置成员的入群欢迎语"

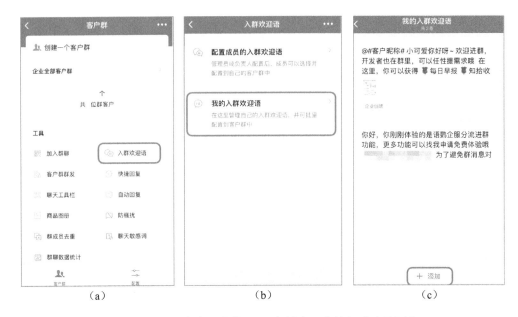

（a） （b） （c）

图 5-71　群主在企业微信 App 中创建"我的入群欢迎语"

3）如何开启入群欢迎语

企业如何在社群中开启入群欢迎语呢？企业微信支持单个群开启和批量开启两种方式。

（1）单个群开启入群欢迎语

群主选择某个自己是群主的企业微信外部群，点击如图 5-72（a）所示右上角的人像图标，进入如图 5-72（b）所示页面点击"入群欢迎语"，进入如图 5-72（c）所示页面点击"配置"按钮，在如图 5-72（d）所示页面中选择生效的欢迎语即可。具体操作步骤如下。

步骤一：选择某个自己是群主的企业微信外部群，点击右上角的人像图标。

步骤二：点击"入群欢迎语"。

步骤三：点击"配置"按钮。

步骤四：选择一句素材库里的入群欢迎语，点击"确定"按钮即可生效。

对于群个数比较多的企业来说，挨个儿开启入群欢迎语实在是太麻烦了，因此群主可以通过以下方式批量开启多个群的入群欢迎语。

图 5-72　单个群开启入群欢迎语

（2）批量开启入群欢迎语

群主打开如图 5-73（a）所示的企业微信 App"工作台"—"客户群"页面，点击如图 5-73（b）所示的"入群欢迎语"板块，选择如图 5-73（c）所示的"我的入群欢迎语"，如图 5-73（d）所示点击某一句入群欢迎语进入其详情页，即可如图 5-73（e）所示选择"该入群欢迎语生效的客户群"。具体操作步骤如下。

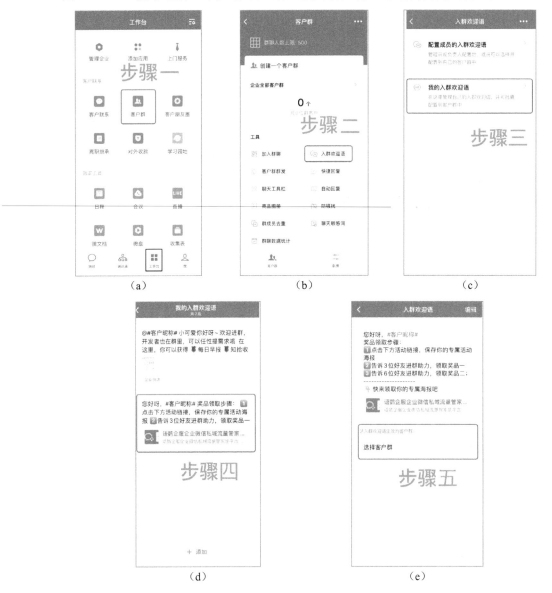

图 5-73　批量开启入群欢迎语

步骤一：打开企业微信 App"工作台"—"客户群"页面。

步骤二：点击"入群欢迎语"板块。

步骤三：选择"我的入群欢迎语"。

步骤四：点击某一句入群欢迎语进入其详情页。

步骤五：选择"该入群欢迎语生效的客户群"。

4）入群欢迎语的发送频率

配置好入群欢迎语，在客户入群时系统就会自动发送配置好的入群欢迎语了。我们还可以根据客户入群的频率选择入群欢迎语的发送间隔时间，在企业微信中可选择的发送间隔时间有 3 分钟、10 分钟、30 分钟、60 分钟和 120 分钟，如图 5-74 所示。如果在同一时间段内有多个客户入群，系统就会合并发送入群欢迎语，避免打扰客户。

图 5-74　入群欢迎语的发送间隔时间

如何控制入群欢迎语的发送频率呢？我要向大家分享几点经验。

由于入群欢迎语可以选择的最短发送间隔时间为 3 分钟，因此当客户入群的间隔时间短于 3 分钟时，容易出现客户入群没有欢迎语的现象，这个时候员工要密切关注群内客户的咨询，防止客户满心欢喜地进群，一脸失望地退群。

那么入群欢迎语的发送频率是不是越高越好呢？答案是否定的。经过测试，当我们发起活动时，客户入群比较集中，欢迎语的过量发送会引起风控系统限流封号，在这种情况下，我建议把发送间隔时间调整为 120 分钟，不要频繁发送欢迎语。另外，一个员工也不要担任过多群的群主，那样也容易比较频繁地发送欢迎语，引起风控系统限流封号。我们还可以等客户的入群频率降下来以后，重新降低欢迎语的发送频率。当然，企业微信官方没有公布过风控规则，以上这些是我们的团队在帮客户运营时积累的经验。风控规则经常调整，企业要多进行测试，把握好运营节奏。

5）入群欢迎语有哪些配置技巧

入群欢迎语是企业在客户入群时与客户的第一次沟通，能让客户清楚地知道这是什么群和在群里能获得的价值。配合一些玩法，入群欢迎语还可以让客户一入群就参与互动甚至直接实现转化。入群欢迎语一般包括入群欢迎仪式、赠送入群福利、发布活动通知、引导客户查看群公告等，接下来我会分别说明入群欢迎语有哪些配置技巧。

（1）入群欢迎仪式

入群欢迎语除了对客户表示欢迎，还可以加入客户昵称，让客户在入群的第一时间体会到专属感，如"@客户昵称，小可爱你好呀！欢迎加入××福利群！"

（2）赠送入群福利

客户一入群就收到赠送福利可以大大提高客户对社群的好感度，且入群福利可以实现新客户的首单转化。肯德基社群在客户入群的第一时间送上如图 5-75（a）所示的 6 元鸡米花新人福利，客户只需要添加店长的企业微信并点击小程序链接即可领取，如图 5-75（b）所示。新客户在点击链接领取福利时，系统会提示新客户通过微信授权登录或手机号登录完成注册，这样既利用企业微信沉淀了新客户，又实现了首单转化。这种通过赠送入群福利进行引导的获客和转化方式，与一入群就让客户点击小程序或强制注册登录、授权地址等方式相比，客户体验更好，值得企业学习。

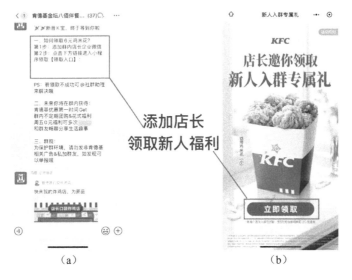

（a）	（b）

图 5-75　肯德基新人入群专属礼

（3）发布活动通知

有些社群是为了发起活动而创建的，如快闪群、训练营、直播活动、裂变活动等，这时引导客户入群并在第一时间发布活动通知就非常重要了。活动通知可以告知直播时间、活动规则，也可以告知互动时间，具体内容根据企业活动而定，如图 5-76 所示。

（4）引导客户查看群公告

由于新客户一入群就会触发入群欢迎语，容易造成刷屏现象，影响客户体验，因此我不建议在入群欢迎语中加入过多的内容。群公告能承载的内容比入群欢迎语更多，我们可以通过简短的入群欢迎语引导客户查看群公告，如图 5-77 所示。

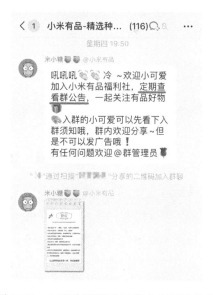

图 5-76　通过入群欢迎语发布活动通知　　图 5-77　入群欢迎语引导客户查看群公告

2. 自动回复机器人：让社群运营事半功倍

1）为什么要配置自动回复机器人

对于一些常见的问题，我们可以利用自动回复机器人提高回复效率。在微信中，我们需要购买第三方工具才可以实现关键词自动回复，但第三方工具不仅价格昂贵，还可能导致封号。其实企业微信自带自动回复机器人功能，企业只需要提前配置好规则，如果客户触发关键词并@小助理，就可以实现关键词自动回复。

2）如何开启自动回复机器人

第一步：新建自动回复规则

首先，管理员需要登录企业微信管理后台，在"客户联系"模块的"聊天工具"页面中点击"配置"，即可配置自动回复规则，如图 5-78 所示。

图 5-78　企业微信管理后台配置自动回复规则

然后，管理员点击如图 5-79 所示的"新建"按钮即可设置具体的自动回复规则，包括关键词和回复内容等，企业微信支持添加文字、图片、网页等内容，最多可以设置 100 条自动回复规则，单条回复内容不超过 1000 个字。

除了关键词自动回复规则，企业微信还可以设置默认回复规则和重复回复的间隔时间。客户在群里@小助理提问如果未匹配到设置的关键词，小助理将自动发送此处设置的默认回复消息内容，且重复回复的间隔时间支持选择 30 分钟、60 分钟、

90 分钟和 120 分钟，如图 5-80 所示。

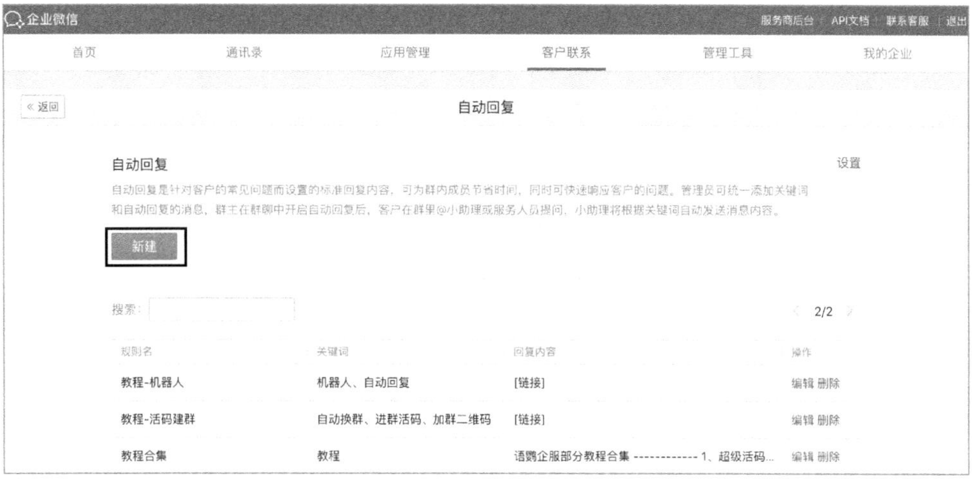

图 5-79 新建自动回复规则

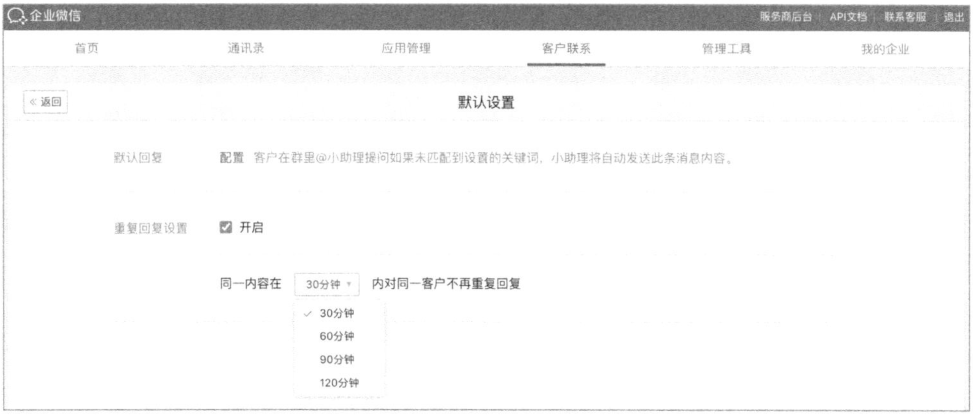

图 5-80 默认回复规则和重复回复的间隔时间

第二步：开启自动回复

其次，在管理员新建自动回复规则后，群主还需要点击外部群聊天页面右上角的人像图标，点击如图 5-81（a）所示的"自动回复"按钮，进入如图 5-81（b）所示页面点击"开启自动回复"按钮，即可如图 5-81（c）所示自动回复消息内容。在完成操作后，群聊页面会提示群主"你邀请小助理加入了外部群聊"，如果客户在群里@小助理或服务人员提问，小助理将根据关键词自动回复消息内容。这里的"服务人员"指的是在群内与群主属于同一个企业的同事，客户@服务人员触发对应的关键词，小助理也会自动回复消息内容。

需要注意的是，目前每一个群都需要群主手动开启"自动回复"按钮，暂不支持一键实现多个群的自动回复。而且，自动回复规则对所有开启了"自动回复"按钮的外部群生效，也就是说，无论是哪一个开启了"自动回复"按钮的社群，只要客户在群内触发了后台的某个规则，小助理就会自动回复消息内容，暂时无法实现不同的群匹配不同的自动回复规则。

（a）

（b）

（c）

图 5-81　开启自动回复

3）自动回复机器人的使用场景

自动回复机器人的使用场景如下。

① 常见问题自动回复，减轻员工的工作负担。

② 裂变活动自动审核，引导客户领取奖品。

第一种使用场景很好理解，就是将大部分客户会询问的问题设置为关键词触发自动回复，引导客户在群内发送预设的关键词并@小助理获取答案。

第二种使用场景主要用于在朋友圈中转发实现群裂变，这一点我在 4.3.2 节中介绍过。群主设置一定的活动规则，邀请客户将活动海报转发到朋友圈中并截图发回群内，同时发送"已转发@小助理"，小助理在审核通过后会自动引导已转发的客户添加客服人员领取对应的奖品。

我在这里告诉大家一个小秘密：事实上，小助理并不能真正做到"审核"客户的转发行为和内容是否符合要求，这只是一个运营的小"套路"。即使客户不转发或虽未按照要求转发但发送了"已转发@小助理"，系统也会回复类似的提示引导客户添加客服人员领取奖品。

所以，为了防止个别客户钻空子，企业可以适当进行人工审核，群主可以多留意一下群内是否出现了上述情况，并给予客户正确的提醒和引导。

3. 防骚扰自动踢人：拒绝在群内发广告或刷屏

1）什么是防骚扰自动踢人

在运营社群的过程中，社群内难免会混入一些浑水摸鱼的人，如果他们经常在群内发广告或刷屏，那么企业在运营社群时还是很麻烦的。为此，企业微信提供了防骚扰自动踢人功能，具体可以实现以下功能。

① 防广告。如图 5-82（a）所示，防广告功能可以设置多种监控消息的类型，如消息、昵称包含关键词，以及图片、网页、小程序、文件、视频、名片等广告。

② 防刷屏。如图 5-82（b）所示，防刷屏功能可以设置警告并踢出群聊等规则，当有人违规刷屏时，系统会自动发出警告或自动将刷屏的人踢出群聊。

③ 踢人方式。如图 5-82（c）所示，企业可以设置对客户发广告或刷屏的处理规则，包括"踢出群聊""警告并踢出群聊""警告三次后，触碰规则时踢出群聊"和"仅发警告"，且企业可以开启"踢出后加入群聊黑名单"按钮，一旦开启该按钮，被踢出的人将被自动踢出同一群主的所有社群且无法再次加入。

（a）

（b）

（c）

图 5-82 具体的防骚扰自动踢人功能

2）如何配置防骚扰规则

防骚扰自动踢人规则支持由企业微信管理员统一配置，也支持由群主自定义配置后快速调用。

（1）管理员"配置防骚扰规则"

如图 5-83 所示，管理员登录企业微信管理后台，依次点击"客户联系"—"安全管控"—"防骚扰"，即可实现"配置防骚扰规则"或查看"群聊黑名单"。

图 5-83　管理员在企业微信管理后台实现"配置防骚扰规则"

管理员也可以打开企业微信 App"工作台"，点击如图 5-84（a）所示"客户群"页面中的"防骚扰"板块，选择如图 5-84（b）所示的"配置企业成员防骚扰规则"，即可如图 5-84（c）所示"新建企业规则"。

（2）群主配置"防骚扰规则"

群主可以打开企业微信 App"工作台"，点击如图 5-85（a）所示"客户群"页面中的"防骚扰"板块，选择如图 5-85（b）所示的"我的防骚扰规则"，即可如图 5-85（c）所示点击"新建"按钮配置防骚扰规则，该页面分别显示了群主创建规则和企业创建规则的入口。

图 5-84　管理员在企业微信 App 中选择"配置企业成员防骚扰规则"

图 5-85　群主配置"防骚扰规则"

3）如何开启防骚扰规则

在配置好防骚扰规则后，群主还需要在企业微信 App 中开启防骚扰规则。企业微信支持单个群开启和批量开启防骚扰规则两种方式。

（1）单个群开启防骚扰规则

群主点击如图 5-86（a）所示某个外部群聊天页面右上角的人像图标，在如图 5-86（b）所示页面中点击"防骚扰"按钮，再进入如图 5-86（c）所示页面选择某一条生效的防骚扰规则就可以了。

（a）　　　　　　　　　（b）　　　　　　　　　（c）

图 5-86　单个群开启防骚扰规则

（2）批量开启防骚扰规则

企业微信也支持群主为多个群批量开启防骚扰规则。群主打开企业微信 App"工作台"，如图 5-87（a）所示点击"客户群"页面中的"防骚扰"板块，选择如图 5-87（b）所示的"我的防骚扰规则"，即可如图 5-87（c）所示批量选择"可使用规则的客户群"。

这样，当客户发送的消息触发了某条防骚扰规则时，如消息中含有关键词"加我""红包"等，该客户就会被警告甚至被移出群聊，如图 5-88 所示。如果企业开启了"踢出后加入群聊黑名单"按钮，那么该客户还会被自动踢出同一群主创建的所有群聊且无法再次加入。群聊黑名单中的客户想再次入群，必须联系工作人员将其从黑名单中放出。

（a）　　　　　　　　　　（b）　　　　　　　　　　（c）

图 5-87　批量开启防骚扰规则

图 5-88　客户触发防骚扰规则被移出群聊

4）添加和移除不受规则限制的人员

（1）添加"不受防骚扰规则限制"的人员

为了防止某些人员（如微信管理员、分享嘉宾等）触发防骚扰规则，我们可以将他们设置为"不受防骚扰规则限制"的人员。群主打开企业微信 App 中与某位客户的聊天页面，点击如图 5-89（a）所示的客户头像进入如图 5-89（b）所示的"客户详情"页面,再点击右上角的三点标志,即可将该客户设置为如图 5-89(c)所示的"不受防骚扰规则限制"的人员。

（a）　　　　　　　　（b）　　　　　　　　（c）

图 5-89　添加"不受防骚扰规则限制"的人员

（2）移除"不受规则限制的人员"

如果要移除不受防骚扰规则限制的人员,那么群主需要打开企业微信 App "工作台",点击如图 5-90(a)所示"客户群"页面中的"防骚扰"板块,选择如图 5-90(b)所示的"不受规则限制的人员",进入如图 5-90(c)所示的页面,选择对应的人员左滑即可点击"移出"按钮将其移出该名单。群主点击如图 5-90(c)所示页面右上角的三点标志,还可以开启或关闭如图 5-90(d)所示的"成员共享使用此名单"按钮,在开启该按钮后,成员将共享"不受规则限制的人员"名单。

5）移出群聊黑名单

如果要将用户移出群聊黑名单,那么群主需要打开企业微信 App "工作台",点击如图 5-91(a)所示"客户群"页面中的"防骚扰"板块,选择如图 5-91(b)所示的"群聊黑名单",进入如图 5-91(c)所示的页面,搜索对应的用户左滑或长按其微信 ID 即可点击"移出"按钮将其移出群聊黑名单。

需要注意的是,以往每一个企业微信成员的黑名单是相互独立的,也就是说,如果群内有用户发布广告，那么群管理员即使把该用户加入黑名单也无法将其自动移出群聊，只能由群主设置黑名单才可以将其自动移出群聊，造成了同一个群主在管理多个群时忙不过来的问题。

图 5-90　移除"不受规则限制的人员"

（a）　　　　　　　　　（b）　　　　　　　　　（c）

图 5-91　移出群聊黑名单

想让群管理员也参与黑名单管理，群主需要开启"成员共享使用黑名单"按钮。群主在"防骚扰"板块中选择如图 5-92（a）所示的"群聊黑名单"，进入如图 5-92（b）所示页面点击右上角的三点标志，在如图 5-92（c）所示页面中开启"成员共享使用黑名单"按钮即可。在群主开启了"成员共享使用黑名单"按钮后，只要用户被同一个企业中的任何一个成员加入了黑名单，该用户就会被自动移出群聊且无法再次加入该企业任何一个成员创建的客户群，企业社群管理会更加方便。

（a）　　　　　　　　　（b）　　　　　　　　　（c）

图 5-92　开启"成员共享使用黑名单"功能

4．客户群群发助手：一键群发所有群

在活动促销、日常问候、产品上新、门店周年庆时，企业如何一键通知所有企业微信客户群呢？客户群群发助手可以解决这个问题。

如果企业有成百上千个微信群，就要借助一些社群运营工具，先创建好群发的内容，再等待系统一个个群发。而企业微信提供了一键将消息群发到客户群的工具，将消息群发到 200 个群用时很短，效率很高！

1）如何向客户群群发消息

企业微信提供了两种客户群群发消息的方式：群主自主群发和企业统一群发。

（1）群主自主群发

群主打开企业微信 App "工作台"，点击如图 5-93（a）所示 "客户群" 页面中的 "客户群群发" 板块，选择如图 5-93（b）所示的 "群发消息到我的客户群" 即可。群主单次群发支持选择如图 5-93（c）所示的 200 个客户群，若该群主的客户群超过了 200 个，则可以分批群发。

（a）　　　　　　　　（b）　　　　　　　　（c）

图 5-93　群主自主群发

（2）企业统一群发

管理员登录企业微信管理后台，依次点击 "客户联系" — "群发工具" — "群发消息到企业的客户群"即可，如图 5-94 所示。

管理员也可以打开企业微信 App"工作台"，点击如图 5-95（a）所示"客户群"页面中的"客户群群发"板块，选择如图 5-95（b）所示的"群发消息到企业的客户群"，在如图 5-95（c）所示的页面中选择发送的客户群并填写群发内容，再点击"通知群主发送"按钮。此时群主会在企业微信 App 中收到消息提醒，进入消息提醒点击"确定"按钮即可将消息群发给客户。

图 5-94　企业微信管理后台统一群发

（a）　　　　　　　　　　（b）　　　　　　　　　　（c）

图 5-95　企业微信 App 统一群发

2）客户群群发频率

需要注意的是，群主每天只能向同一个客户群群发 1 次消息，已发送过消息的客户群当天不会出现在可发送客户群列表中。而企业统一群发的方式，需要各群主点击"确定"后才会将消息发送到客户群，企业每月最多可以向同一客户群群发 4 次消息，也可以在一天内用完本月的 4 次额度。

可见，企业微信对于企业对客户的群发次数还是很克制的，企业统一群发的次数是 4 次/月，员工（群主）自主群发的次数是 1 次/天，即企业每月可以发送约 34 次群发消息。这对于每天需要群发的次数多于 1 次的企业来说可能不够用，我们只能期待企业微信在未来进一步放开群发次数的限制。

3）客户群群发技巧

下面我将分享两个客户群群发技巧。

（1）9 群多选批量发

上文提到企业微信群群发次数的限制，很多企业因此想找到能够批量、多次群发消息的工具。但批量、自动群发消息的工具存在违规操作的风险，我不建议企业使用。对于企业微信群不多的企业，我建议通过 9 群多选批量发的技巧达到这一目的。员工先如图 5-96（a）所示将普通消息发送到某个群，再长按点击"多选"和"转发"按钮，如图 5-96（b）所示选择"逐条转发"，然后在如图 5-96（c）所示页面中点击右上角的"多选"按钮，最后如图 5-96（d）所示勾选未发送过消息的 9 个群，点击"确定"按钮即可实现批量、多次群发。

（a）

（b）

图 5-96　9 群多选批量发

（c） （d）

图 5-96　9 群多选批量发（续）

9 群多选批量发的具体操作步骤如下。

第一步：在某个群发送普通消息后长按点击"多选"和"转发"按钮。

第二步：选择"逐条转发"。

第三步：点击右上角的"多选"按钮。

第四步：勾选未发送过消息的 9 个群，点击"确定"按钮。

运用上述群发技巧，企业每次可以选择 9 个群批量群发，如果企业有 45 个群，那么重复 5 次该操作即可。这样既不会花费太多时间，又是合规的操作方法。

（2）定时群发

如果企业有定时群发的需求，那么可以借助企业微信第三方服务商的定时群发功能实现定时提醒。企业只需要在后台设置定时群发任务，系统就会按照设定的时间推送群发提醒，如图 5-97（a）所示。不过由于企业微信的限制，群主需要在收到提醒后点击如图 5-97（b）所示的"发送"按钮才可以完成群发任务，且定时群发的次数与企业统一群发的次数相同，即企业每月可以定时群发 4 次消息。

（a）

（b）

图 5-97 定时群发效果示例

5. 群管理员：一起管理社群

很多时候一个群主可能管理不了多个群，特别是像知识付费行业中一样需要做训练营等深度运营项目的群主。因此企业微信提供了群管理员功能，群主再也不用一个人管理 200 个人甚至 500 个人的大群了。

1）谁可以成为群管理员

目前，一个客户群可以设置 3 个群管理员。需要注意的是，群管理员功能只支持添加本企业同事为群管理员。所以，如果在客户群中没有其他同事，那么群主要先把同事拉进群。

如果社群过多，那么我们很难做到对每个群都精心维护。若群内已经形成了良好的氛围，则我们可以把热心互动的群友提拔为群管志愿者或兼职群管理员，如图 5-98 所示。通过将热心互动的群友添加到企业微信通讯录并拉入社群中的操作，我们可将该群友设置为群管理员，这样既能减轻运营压力，又能让活跃的群友更有归属感和荣誉感，更有意愿留下来。同时他们的积极管理也会促进群内其他群友进行良性互动，进而提高整个群的活跃度和留存率。

2）如何设置群管理员

设置群管理员的方法很简单，我们找到自己作为群主的客户群，点击如图 5-99（a）所示右上角的人像图标，依次点击如图 5-99（b）所示的"群管理"按钮和如图 5-99（c）所示的"群管理员"按钮，再点击如图 5-99（d）所示页面中的"+"

按钮，即可将本企业成员设置为群管理员。

（a） （b）

图 5-98 把热心互动的群友提拔为群管志愿者或兼职群管理员

（a） （b）

图 5-99 设置群管理员

（c）　　　　　　　　　　　（d）

图 5-99　设置群管理员（续）

3）群管理员的能力

群管理员拥有以下能力。

① 修改 100 个人以上的群的群名称。

② 发布群公告。

③ 设置进群方式并通过进群申请。

④ 移除群成员。

拥有了以上能力，群管理员就可以协助群主管理社群了。

6．禁止改群名：群成员不再摸不着北

我们在运营微信社群的时候，可能会发现有一些捣乱的人（也可能是误操作）修改了微信群名，让群内其他群成员甚至群主摸不着北，无法找到原来的社群。

如何防止在企业微信群中发生这样的事情呢？企业微信提供了禁止改群名功能，群主只需要进入自己作为群主的客户群，点击如图 5-100（a）所示聊天页面右上角的人像图标，再点击如图 5-100（b）所示的"群管理"按钮，最后将如图 5-100（c）所示的"禁止改群名"按钮打开就可以了。

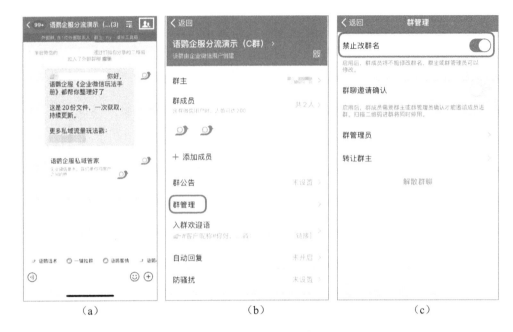

（a）　　　　　　　　　　　（b）　　　　　　　　　　　（c）

图 5-100　禁止改群名

一旦群成员把群名改了，系统就会自动将群名改回原来的名字，从而达到禁止群成员随意改群名的目的。

7. 群成员去重：不让客户重复进群

1）为什么要进行群成员去重

我们知道，企业微信外部群的人数上限是 500 个人，前 200 个人可以直接扫码进群，每个群成员的名额都非常宝贵。但有些客户可能重复进入了企业的多个外部群，占用了群资源。对于这种情况，企业使用企业微信的群成员去重功能即可筛选出重复进群的客户并快速将其移出客户群。

2）如何进行群成员去重

企业微信的群成员去重功能包括手机端和 Web 端两种操作方式。

① 手机端。有客户联系权限的员工打开企业微信 App"工作台"，点击如图 5-101（a）所示的"客户群"，进入如图 5-101（b）所示的页面选择"群成员去重"板块，在如图 5-101（c）所示的页面中点击"我的客户群去重"即可。

(a) (b) (c)

图 5-101 手机端群成员去重

员工进入如图 5-102（a）所示的页面点击"开始去重"按钮，进入如图 5-102（b）所示的页面选择要去重的群聊并点击"确定"按钮，即可如图 5-102（c）所示一键检测出客户"重复加入的客户群"，选择对应的客户群点击"移出"按钮即可移出重复加入的客户。

(a) (b) (c)

图 5-102 客户群批量去重

企业微信管理员在"群成员去重"页面还可以见到"企业的客户群去重"入口，如图 5-103 所示，它支持由管理员按群主或按群名包含的关键词筛选出重复加入客户群的客户，并提醒对应的群主移除重复客户。

图 5-103　管理员可见的"企业的客户群去重"入口

② Web 端。企业微信管理员进入企业微信管理后台，在"客户联系"—"安全管控"页面即可进行群成员去重。该操作方式支持按群主或按群名包含的关键词筛选需要去重的客户群，并提醒对应的群主移除重复客户，如图 5-104 所示。

图 5-104　Web 端群成员去重

8．违规客户、竞争对手：一起加入黑名单

从事过社群运营工作的人应该知道，无论社群设立多么高的进群门槛，还是会混入一些打广告的人或悄悄潜伏在社群中"挖墙脚"的竞争对手，有的人甚至加入了不止一个群，清理起来很不容易。企业遇到这种情况应该怎么办呢？这时，企业微信的加入群聊黑名单功能就可以派上用场了。

1）什么人需要加入黑名单

① 发广告的人。经过多次劝导仍然不改的人，如不停换号进群发广告的人，以及发送骗人的兼职、理财信息的人。

② 骂人引战的人。在群里说脏话、人身攻击其他人、故意挑起群内争端引战的人。

③ 发"拉人头"活动的人。"拉人头"活动包括非本企业的拼团、砍价、分销等活动。

④ 刷屏的人。在微信推出动画表情之后，发"炸弹"和"烟花"表情刷屏的人很多。除了在企业微信的"防骚扰"模块中配置防骚扰规则，企业还可以直接拉黑这些人。

⑤ 讨论无关主题的人。社群需要清晰的定位，因为群内信息流不存在机器推荐机制，所以在群中讨论无关主题的行为会对其他人造成干扰，可能导致群成员流失。

⑥ 在禁言群中多次说话的人。一些单纯利用社群一级入口发单、发优惠券、发布活动信息的企业，通常会实施禁言让企业的信息得到最大限度的曝光，如果在群中产生讨论，企业发布的信息就会很快被淹没，导致信息触达率大幅下降。

⑦ "挖墙脚"的竞争对手。如果竞争对手在社群中批量添加企业的客户，那么企业可以在社群中设置一些"卧底"小号，当竞争对手在企业的社群中批量添加客户时就能将其识别出来，然后用群主的身份移除这些竞争对手并将其加入黑名单。

2）如何把群成员加入群聊黑名单

上文已经讲解了如何通过客户群防骚扰自动踢人功能将违规群成员自动加入群聊黑名单。如果群主在群里发现了多次触犯群规、屡教不改的客户或"挖墙脚"的竞争对手，那么还可以手动操作将其加入黑名单。

　　群主直接点击如图 5-105（a）所示的违规客户的头像，进入如图 5-105（b）所示的客户详情页面，点击右上角的三点标志，开启如图 5-105（c）所示的"加入群聊黑名单"按钮，并点击如图 5-105（d）所示的"确定"按钮，该违规客户就会被自动移出群主创建的所有群且无法再次扫码加入。当该被拉黑客户再次扫码加入客户群时，会再次被系统自动移出。

图 5-105　把群成员加入群聊黑名单

9. 群公告：提高消息触达率，广而告之

1）为什么需要群公告

与微信相同，企业微信也有群公告功能。群公告像告示一样，固定显示在群详情页的"群公告"位置，不会因群消息过多而被淹没，方便新老客户第一时间了解群内的重要信息。除此之外，企业发布的群公告还可以实现如图 5-106 所示的悬停"布告栏"强提醒和"有人@我"小红点强提醒的效果，这是普通群消息无法比拟的。

（a）

（b）

图 5-106 悬停"布告栏"强提醒和"有人@我"小红点强提醒

（1）悬停"布告栏"强提醒

在企业发布群公告后，微信客户打开该群就可以看到如图 5-106（a）所示在群聊顶部悬停的"布告栏"强提醒，点击即可查看群公告详情。在客户点击查看群公告详情后顶部的"布告栏"便会消失。

（2）"有人@我"小红点强提醒

在企业发布群公告后，微信客户会收到如图 5-106（b）所示的"有人@我"小红点强提醒，在客户点击查看后小红点便会消失。

2）如何编辑群公告

群主或群管理员打开企业微信 App 中的外部群，点击如图 5-107（a）所示右上角的人像图标，进入如图 5-107（b）所示的页面，点击"群公告"按钮即可设置群公告详情，完成后点击如图 5-107（c）所示页面中右上角的"发布"按钮，会弹出提示"该公告会通知全部群成员，是否发布？"群主或群管理员在确认无误后点击"发布"按钮，即可发布如图 5-107（d）所示的群公告。也可以在企业微信电脑端写群公告，如图 5-108 所示，群主或群管理员将鼠标悬停到消息列表中的外部群上，点击右键，选择"写群公告"，在编辑完群公告内容后点击"发布"按钮即可，此方法比在 App 端操作更为便捷。

需要注意的是，在企业发布群公告后，即使客户开启了"消息免打扰"按钮也会收到群公告消息强提醒，对客户的打扰性较强。因此我建议群主或群管理员先确认群公告内容并在测试群中预览，保证效果无误再发布，避免因编辑错误多次打扰客户。

（a）

（b）

图 5-107　在企业微信 App 中设置群公告

（c）　　　　　　　　　　　　　　（d）

图 5-107　在企业微信 App 中设置群公告（续）

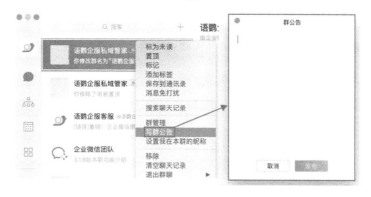

图 5-108　在企业微信电脑端写群公告

3）群公告发布次数限制及频率

企业微信群公告没有发布次数限制，但群主或群管理员发布群公告只能在单个群中编辑，不能批量编辑。虽然群公告没有发布次数限制，但我还是建议群主或群管理员控制发布群公告的频率，以一天发布 2～3 次群公告的频率为宜，一是因为群公告不能批量编辑较为麻烦，二是可以减少对客户的打扰。

4）群公告怎么写

哪些内容适合放在群公告中？群公告一般怎么写呢？

群公告一般包括明确定位、告知群规、说明群价值、公布活动通知等内容。

（1）明确定位

"明确定位"，即说明本群是××群，只讨论与××相关的问题，需要分情况对待：如果群定位是行业交流群、爱好交流群，那么群内可以多讨论；如果群定位是优惠券群、外卖券群、淘客发单群、模特兼职发单群等，那么最好禁止与群主题无关的讨论，这样才能提高消息触达率，因为企业发布的消息才是客户留存在群内的理由，过多无关的讨论可能导致客户退群。

（2）告知群规

没有规矩不成方圆，我们要在客户进群的第一时间告知其在群内可以做什么、不可以做什么和违规会受到什么惩罚等，让其了解群规，以免违反规则。

（3）说明群价值

社群想留住客户就要提供有价值的内容，我们可以通过群公告告知客户在群内有哪些活动，如抽奖、导师分享、每日早报、不定时优惠券等。

（4）公布活动通知

这里的"活动通知"主要指通知客户什么时间做什么活动等。图 5-109 所示为钟薛高经常推出的不同活动，如周一的抽奖、周三的秒杀等，通过群公告培养客户关注群内活动的习惯。

图 5-109　钟薛高通过群公告培养客户关注群内活动的习惯

需要注意的是，企业微信目前不支持批量修改群公告。虽然群公告具备"@所有人"的强提醒功能，企业为了提高日常活动通知的打开率可以将其发布到群公告中，但群公告的内容只能在单个群中修改，这对于群个数较多的企业来说确实不太方便。

5.2.3 社群互动玩法：让客户持续关注你

5.2.2 节已经介绍了 9 款高效的企业社群管理工具，如果想让客户持续关注你的社群，那么你还需要结合一定的社群互动玩法。在 5.2.3 节中，我会按照客户在社群中的生命周期，分享在不同阶段实现社群活跃、转化和自运转的多个方法。

1. 社群"破冰"行动

在客户刚进群时，我们需要发起一些"破冰"行动调动社群氛围。常见的"破冰"行动有入群自我介绍、发拼手气红包、玩游戏等，下面我会一一说明。

1）入群自我介绍

群主可以将入群自我介绍模板配置到入群欢迎语中，当客户加入社群时，入群欢迎语就会提醒客户按照模板介绍自己，还可以结合一定的分享规则（如群活跃积分、分享得优惠券等）让社群中的小伙伴互动起来。

2）发拼手气红包

调动社群氛围较好的方法之一是发红包。员工不定期在社群中发拼手气红包，手气最佳者可以获得免单或领取奖品等福利，以此调动社群氛围。

此外，App、小程序、领券页面或活动 H5 页面也可以联动企业微信设置一些门槛，如只有社群中的客户才能点开链接领取福利或解锁某个活动页面，或者客户在领取福利前必须验证订单号或添加企业微信为好友等，这样可以有效过滤无效客户，避免营销资源被浪费。

如何在社群中发红包呢？企业微信在发布 3.0.36 版本后，支持企业在外部群中发红包了。员工只要点击如图 5-110（a）所示外部群聊天页面右下角的"⊕"按钮，即可找到"红包"入口。客户如图 5-110（b）所示领取红包后，红包中的钱会直接存到其微信的"零钱"中，非常方便。

（a）   （b）

图 5-110　在社群中发红包

不过，目前有一些企业微信外部群没有发红包的功能，也不支持多个群批量发红包，企业外部群需要使用第三方红包工具。借助第三方红包工具，员工打开企业微信 App 或电脑端侧边栏（如图 5-111 所示）即可发红包。

图 5-111　电脑端侧边栏发红包

3）玩游戏

不是只有线下面对面才可以玩游戏，现在的线上游戏也非常有趣，以下几个游戏很适合客户在线上玩。

（1）看图猜成语

这个游戏主要是发送包含成语的图片让客户竞猜，第一个猜对的客户有奖。像这样既能展示才华又能赢取奖励的游戏，会很受客户的欢迎。

（2）一起掷色子

大多数人对掷色子的游戏并不陌生，微信也有"色子"的表情，因此我们可以邀请客户一起掷色子，如前 N 个掷出数字"6"的客户可以获得奖励，这个游戏既简单又好玩。

（3）疯狂打地鼠

大家小时候可能玩过打地鼠的游戏：当地鼠冒出地面时，我们用锤子打中地鼠即可得分。这么有趣的游戏也可以放到社群中玩，如图 5-112 所示，我曾经在社群中带大家玩过这个游戏，结束后大家还意犹未尽，你也可以在自己的社群中试一试。

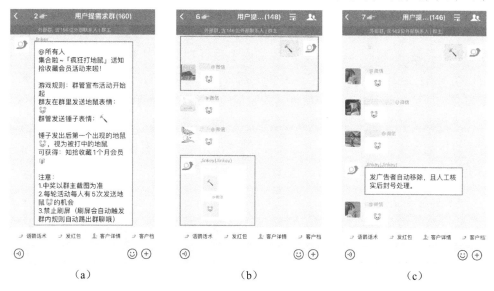

图 5-112 疯狂打地鼠游戏示例

具体的游戏规则是：群管理员宣布活动开始；群友在群里发送"地鼠"表情，

群管理员发送"锤子"表情;"锤子"发出后第一个出现的"地鼠"视为被打中的"地鼠",对应的群友可获得×××奖品。

该游戏需要注意以下几点。

① 由于每个人的网络速度不同,中奖以群主截图为准。

② 群主或群管理员应设定每个人拥有的"地鼠"数,如每轮活动每人有 5 次发送"地鼠"表情的机会。

③ 禁止刷屏并公布规则,群主或群管理员可以结合防骚扰自动踢人功能,设定刷屏会自动触发群内规则并被自动踢出群聊。

④ 做好分工。在玩游戏时社群会非常热闹,至少需要一个人负责发"锤子"、打"地鼠",另一个人负责截图统计。

2. 社群日常运营

想让客户持续关注社群动态,群内的日常运营必不可少。要想让客户愿意留存在社群中进行互动,社群就要提供一定的价值,如人脉连接、信息获取、知识学习等。

1)阅读打卡

社群中可以发起阅读打卡活动,客户完成打卡即可领取奖励,如打卡满 N 天可以领取小礼品 A,打卡满 N+3 天可以领取小礼品 B 等。对于高价值的奖品,企业可以要求客户连续打卡,如果打卡中断,那么客户可以通过邀请好友助力补打卡或重新开始计算打卡天数。如果奖品有一定的吸引力,客户就会持续关注和打卡。

企业微信外部群没有提供打卡工具,企业需要使用第三方工具实现这一功能。群主可以如图 5-113(a)所示发起阅读打卡活动,客户只要如图 5-113(b)所示按要求完成阅读任务(如连续 3 天阅读文章)即可领取奖励。

2)群打卡兑奖

作为阅读打卡的"升级版",群打卡兑奖设定客户如果能完成某些行为,如签到、邀请好友、购买商品、参与抽奖、参与话题讨论等,就可以领取社群积分用于兑换奖品,这样可以大幅提升运营效率,社群中也能形成良好的氛围,实现半自动化运营。企业设定每天的打卡签到任务,可以是连续签到打卡,也可以是累计签到打卡,如图 5-114(a)所示,客户打卡达到 N 天就可以如图 5-114(b)所示兑换奖品,这样可以提高客户对社群的关注度,实现客户留存和社群活跃。

（a） （b）

图 5-113 使用第三方工具发起阅读打卡活动

（a） （b）

图 5-114 群打卡兑奖

3）干货小知识

企业社群可以发布一些与品牌定位相关的小知识。例如，美赞臣、佳贝艾特等母婴品牌，可以在社群内从周一到周五分别发布健康小食谱、亲子小游戏、儿童护理知识、开发智力的短视频、适合亲子出游的好地方；大众、宝马等汽车品牌，可以为车主俱乐部创建社群，在社群内发布一些新车图片、自驾游攻略、洗车优惠券、汽车保养小妙招；海王星辰、大参林等药房，可以有针对性地发布一些药膳食谱、应季保健小妙招。这些干货小知识也可以发表到企业微信的客户朋友圈和历史朋友圈中，帮助企业树立专业、实用、有价值的品牌形象。

4）主题讨论

在社群内发起主题讨论也是不错的日常运营活动，可以调动客户的积极性。主题讨论从策划阶段开始就可以让客户参与进来，如调研客户感兴趣的话题作为讨论的主题之一，这样客户对主题讨论的参与度会更高，而主持人（群主）只要做好引导和总结，扮演充分调动客户讨论积极性的角色就可以了。

3. 社群转化

1）定时发放优惠券

瑞幸咖啡创建企业微信社群的目的之一，就是通过社群为客户提供一个领券的渠道。瑞幸咖啡通过定时发放优惠券（如图 5-115 所示）的形式，提醒客户买一杯咖啡提提神。

（a）

（b）

图 5-115　瑞幸咖啡定时发放优惠券

如果企业希望通过优惠券业务帮助产品转化，那么可以每周设置一个优惠日，定期发起优惠立减活动。客户在养成了先领券、后下单的习惯后，很可能会在想购买产品时首先想到该企业。

2）群暗号

在客户进群后，企业可以在群公告中"藏"一些社群专属的暗号，这些暗号可以是支付结算时的优惠码，也可以是在淘宝下单时告诉客服人员的优惠改价暗号，还可以是到店告诉店员的结算优惠暗号，如图 5-116 所示。我建议企业每周更换暗号，以免暗号泄露导致社群外的人也可以获得优惠。

3）晒单返券

客户在社群内晒单获得优惠券的活动，不仅能促进留存和复购，还能刺激社群内其他客户进行消费，如图 5-117 所示。这类活动仅限社群内的客户可以参与，因此客户可能会将活动"安利"给自己的好友，传播该社群可以获得大额优惠券的信息，促进社群再增长。

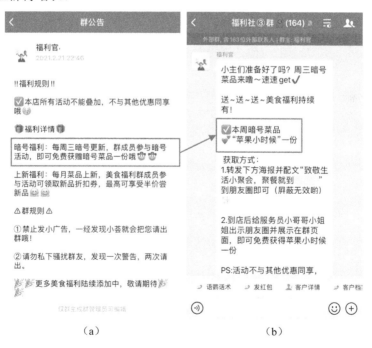

（a）　　　　　　　　　　（b）

图 5-116　群公告中的社群专属暗号

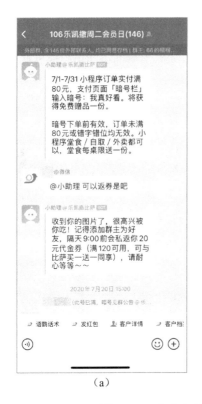 

（a）　　　　　　　　　　　　（b）

图 5-117　客户在社群内晒单获得优惠券

4）抽奖

抽奖分为两种模式，一是即抽即开的大转盘模式，二是随时参与、集中开奖的模式。前者容易出现客户领完奖品就取关的情况，后者更有利于客户回流，拉长活动时间，也有利于提高客户留存率。另外，企业在随时参与、集中开奖的模式中，可以引入"邀请好友助力提高中奖率"的玩法，在通过算法抽奖时，提高已邀请好友助力的客户的中奖率，鼓励客户分享和传播活动。图 5-118 所示为钟薛高社群积分抽奖活动。

5）专享优惠

企业可以在社群、私聊中发放淘宝隐藏优惠券，或在其他自有商城中专门生成一批优惠券发到社群中。企业要让留在社群中的客户可以享受其他渠道没有的专享优惠，给客户一个留在社群中的理由。如图 5-119 所示，只有添加了客户经理微信好友的客户才可以领取新人礼包。

图 5-118 钟薛高社群积分抽奖活动

图 5-119 专享优惠活动

在联动 App 和小程序时，当客户进入某个活动页中，我们可以判断这个客户是否在社群内：如果客户在社群内，就可以打开页面参与活动；如果客户不在社群内，就不能参与活动，系统会提示其先加入社群。

同理，如果该客户是客户经理的企业微信好友，就可以打开页面参与活动；如果该客户不是客户经理的企业微信好友，就不能参与活动，系统会提示其先添加客户经理的企业微信好友。

通过这样的方式，企业可以更有针对性地开展社群专享的优惠活动。

5.3 私聊、群聊通用技巧

除了 5.1 节和 5.2 节介绍的一对一互动和一对多互动，企业微信还有一些工具，无论是在私聊中还是在群聊中都能派上很大的用场，大大提高工作效率，还可以用于数据行为分析。接下来我会向大家一一介绍。

5.3.1 跨平台话术库：一人同时维护上百个客户

我们知道企业微信只支持在社群内通过自动回复机器人提高客户服务效率，私聊是不支持自动回复的。我也不建议企业使用违规的私聊回复工具，毕竟这种企业微信不允许使用的工具容易为企业的账号运营带来风险。那么除了社群自动回复机器人，有没有其他办法可以提高私聊、群聊的客户服务效率呢？

答案是肯定的。我们在与客户沟通时，如果一些常见的问题有统一的回复话术会不会高效、方便得多？企业微信提供了快捷回复功能，但只支持添加文本格式的内容。企业若想添加文本之外的图片、视频、文件、链接、小程序等格式的内容，则需要借助企业微信第三方的话术库工具。

员工只要点击如图 5-120（a）所示聊天栏底部的话术按钮，就可以看到如图 5-120（b）所示的所有话术内容，在顶部的搜索框输入关键词，可以快速找到并发送精准的话术。这个工具的便捷之处在于：如果需要修改话术内容，那么管理员统一修改就能将最新话术内容同步到所有员工的手机上，省去了一个个修改、一个个通知的烦琐环节。

（a）　　　　　　　　　　　　（b）

图 5-120　企业微信第三方的话术库工具

例如，企业最近新出了一款产品，制作了一个产品手册，这个时候只需要将这个产品手册的介绍添加到跨平台话术库中，就可以同步给所有员工，方便员工发送给有需要的客户查看，实现一次配置全员同步、一次修改全员更新的高效操作。

虽然企业微信没有私聊关键词自动回复的功能，但是有了话术库，无论是私聊还是群聊，一个员工也可以同时维护上百个客户，大大节省了企业的人力、物力和培训成本。

5.3.2　基于聊天记录自动构建客户画像

在与客户聊天的过程中，销售人员、客服人员、运营人员会根据服务内容对客户打标签来积累客户画像，用于后续的精准营销。但是，如果这一工作仅靠人工完成，就可能带来以下几个问题。

首先，培训成本高。企业为了降低成本，一般不会在招聘客服人员时聘请上万元月薪的专业人员，而是选择宝妈、大学生等兼职服务客户和回答客户问题。这些人的服务水平、学历和能力参差不齐，如果企业想让他们精准地构建客户画像，那么需要消耗很高的培训成本，才能让他们准确无误、没有遗漏地打上客户标签。

其次，监管成本高。员工可能抱有这些想法："我忘了给客户打标签怎么办？""客户说了话但是我没留意怎么办？""即使我故意不打标签又能把我怎么样？"如果管理者挨个儿检查聊天记录核对员工对客户打的标签是否准确、完善，那么需要翻阅大量的聊天记录，且不能保证万无一失，特别是一些几千个人、上万个人的客服中心，管理工作量更加庞大。

最后，错误率高。即使企业有专门的培训人员和质检人员，也不能保证每一个销售人员、客服人员、运营人员都能完全记住培训内容并落地执行。真实的情况很可能是企业在培训时说的是 A，员工执行的却是 B。例如，企业规定员工在对客户打标签时选用企业标签而非个人标签，员工在执行时却没有按照规范，还是创建了个人标签甚至是不规范的标签，导致客户画像无法统一甚至造成错乱。

因此，自动构建客户画像是非常有必要的。企业微信提供了会话内容存档功能，企业可以在企业微信管理后台原价购买，或通过企业微信服务商购买会话内容存档接口。企业在开通权限并经过客户同意后，就可以通过接口获取员工与客户之间的聊天记录，通过收集聊天记录包含的某些关键词或进行语义分析，自动构建客户画像。

例如，当客户发送的内容包含某个关键词或某种意图时，如"想要试用企友圈""企业微信群怎么发不了红包？""员工活码和企业微信原生二维码有什么区别，可以给我介绍一下吗？"等，员工就可以精准地知道客户分别对"企友圈""群红包""员工活码"3 个功能感兴趣，然后对客户打上预设的标签"功能偏好-企友圈"

"功能偏好-群红包""功能偏好-员工活码",如图 5-121 所示。这样,企业就降低了人工构建客户画像带来的培训成本和监管成本,错误率也会大大降低。

图 5-121　基于聊天记录自动打标签

5.3.3　话题统计

会话内容存档除了可以帮助企业自动构建客户画像,还可以用于话题自动统计。

例如,企业在运营社群的时候,通常会让新进群的客户进行简单的自我介绍以促进彼此互相了解,通过引导客户参与#自我介绍#的话题讨论并在发送自我介绍时添加#自我介绍#的标签,可以统计社群内有多少客户参与了该话题;再如,知识付费企业在做训练营的时候,经常需要统计群内有多少学员完成了作业,用于后期评估学员表现发放奖励,这时可以要求学员添加#日期+作业#(如#0526作业#)格式的话题标签,以便实现自动统计;又如,企业在征集客户建议的时候,可以让客户在建议前添加#产品建议#的话题标签,实现自动统计。

以往,企业需要人工"爬楼"计数并通过复制粘贴的方法整理这些信息。现在,借助企业微信会话内容存档功能，企业可以实现话题自动统计和自动采集信息，把带有相应话题的内容聚合起来，还能利用话题统计功能抽奖或统计积分。该功能并非企业微信的原生功能，需要基于会话内容存档接口二次开发，企业可以自己开发或直接使用第三方 SaaS 服务，如图 5-122 所示。

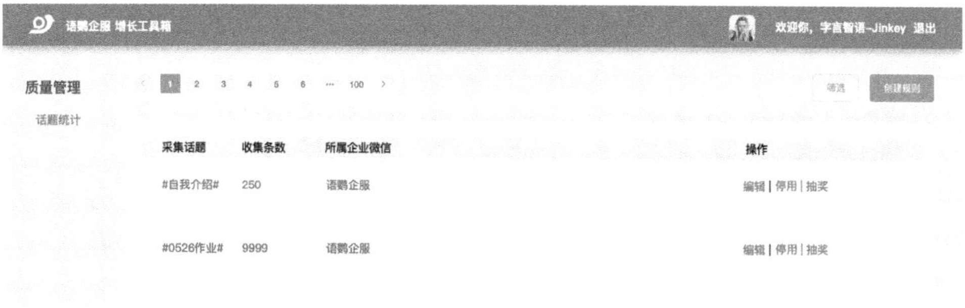

图 5-122　第三方 SaaS 服务话题统计功能

讲到这里，第 5 章就差不多结束了。我们学习了企业微信一对一互动和一对多互动的诸多工具、营销玩法和运营技巧，相信你现在已经能比较轻松地使用企业微信了。当你在使用过程中遇到有关工具或营销的问题时，不妨对着目录查找本书提供的解决方案。

营销玩法：客户召回

6.1 从"流量"到"留量"

有些时候，企业忙着拉新，却忘了关注客户留存。如果辛苦拉来的客户因为企业没有提供好的服务而流失，那么企业拉来再多的客户也没有用。就像储水池，有一个进水口，也有一个出水口，当出水口出水的速度快于进水口进水的速度时，整个储水池就会处于半干甚至完全干涸的状态。企业运营也一样，当流失率高于拉新率时，企业也会陷入非常被动的状态，因此"留量"成为衡量企业运营健康状态的重要指标之一。企业既要有"进水口"，保持拉新率，为企业注入新鲜血液；又要适当控制"出水口"的出水速度不要过快。第 6 章将介绍客户从"流量"到"留量"的转化方法，并探讨企业如何挽回流失客户。

6.1.1 什么是流量

流量，在物理学中，是指单位时间内流经封闭管道或明渠有效截面的流体量；在互联网中，是指单位时间内使用过某个数字媒介的客户数量，一般用 UV（Unique Visitor，独立访客量）、PV（Page View，页面浏览量）、点击量、播放量和阅读量等指标衡量；在实体经营中，流量一般用人流量、车流量、间夜量、翻台率等指标衡量。

流量就像河流，川流不息却又"流水无情"。企业想从经过自身渠道的客户身上获得回报，但客户对于企业是无感的，因此企业需要设置一些"钩子"（如红包、优惠券、小礼品、资料包、优秀的宣传文案、能解决客户痛点的产品等）来吸引客户，像水坝拦截水流一样，让客户在茫茫人海中愿意多看一眼并留下来，最终转变为留量。流量多来自广告投放、内容生产，企业要源源不断地投入成本才会产生新流量，而要重复触达客户，就必须再次投入成本。

6.1.2　什么是留量

留量，顾名思义就是被留下来的流量，把流体固化在某个区域内，如企业微信、社群、App、小程序等。企业一般会用到的留量指标有社群留存率、社交媒体粉丝数、活跃客户数、服务号模板消息触达率、小程序客服消息触达率等。只有随时随地能被企业的产品信息触达的流量，才是留量。

留量就像水库，波澜不惊。在这里的客户会停留一段时间，并眷恋企业提供的价值，如每天点餐前的外卖券、可以炫耀的游戏皮肤、社群专属的大额优惠券、爱好相同的人聚在一起的归属感、定期分享的育儿小知识等。

留存的过程是和风细雨、"润物细无声"的，在漫长的社群运营和消息推送的过程中，客户逐渐对企业"种草"或"拔草"。留量可以被重复地、低成本地触达，企业不需要为触达这些客户支付高额的广告费，而且在企业能提供价值的前提下，客户还会主动把自己的好友也拉到社群内，形成增量。在留量运营的过程中，客户会慢慢对企业产生好感，也会因为其他人的晒单增加对企业的信任感，从而提高产品的复购率。因此，流量和留量的关系就像河流和水库的关系一样。

6.1.3　流量和留量的差异

流量是一个相对动态的概念。而被留下来的流量就是留量，留量是一个相对静态的概念，二者的差异如表 6-1 所示。

表 6-1　流量和留量的差异

项　　目	流　　量	留　　量
动静	相对动态	相对静态
类比	河流、瀑布、雨滴	水库、池塘、湖泊
成本	高	低

项　目	流　量	留　量
成本中心	广告投放	社群维护、人设维护、活动
品牌可信度	低	高
交易行为	首次购物	复购
消息触达	一次性	随时、多次
交易转化率	低	高
流量再生产能力	不具备	具备
可控性	低	高
精准性	低	高
分布	微信公众号、视频号，抖音，微博，知乎等	企业微信、社群、App

6.1.4　流量和留量的关系

流量和留量不是非此即彼、非黑即白的关系，而是相互依存、互为唇齿的关系。有些企业想跟风把全部精力投入私域，这就有点儿本末倒置了。私域留量本质上是在获得后留存下来的客户，前提是先有获得，再有留存。私域是一个被炒作起来的概念，其实它就是一种一直都有的、直接面对终端客户的营销模式，英文是 Direct To Consumer。私域也不同于直销，私域是相对的，中间的渠道商可以形成自己的私域池，为客户做长期的信任背书，保持客户复购率。

公域运营的是流量，私域运营的是留量。公域是泉眼，是源头；私域是水库，是池塘。公域和私域也是一对相对的概念，你的公域可能是其他人的私域，如微信是腾讯的私域，微博是新浪的私域，抖音是字节跳动的私域；你的私域也可能是其他人的公域，如其他人可能会在你的社群中发广告、添加好友，也可能会在你开发的 App 交流板块中引流。当服务号可以不限时间或次数地推送模板消息时，它是私域；当服务号下架模板消息，改成一次性订阅消息时，它的私域属性被大大削弱，每月只能触达客户 4 次，被过多规则限制的私域已经可以被当作公域来对待了。

没有公域引流的私域是无源之水、无本之木。企业不能因为有了私域就放弃购买流量，放弃到公域平台引流，也不能因为有广告投放预算或实体店铺就不重视私域的搭建。无论是线上广告流量，还是线下店铺流量，都是一次性的公域流量。与其白白让购买商品、学习课程、光顾门店的客户流失，企业为什么不多加一个好友、多拉一个群，以很低的成本把客户留住呢？

水会从高处流向低处，热量会从热的地方传递到冷的地方，公域流量也会向私域流转，这是不可阻挡的势能。越是在公域中的流量，限制越多，越不容易被重复触达。平台会根据自身的商业利益改变规则，规则一变，随之而来的就是限流、封号。从某种意义上讲，依靠社交分发的平台，其流量的安全性会高于依靠算法分发的平台，如微信和企业微信的流量会相对安全一些。但平台也有自己的规则，账号违反规则仍然会被封号。更加安全的渠道是企业自己的 App、网站、店铺等，只要符合法律法规，就不怕被限制。

流量的安全性与客户的打开频率不是正相关的，企业只能自己找到一个平衡点：自己的 App 虽然安全，但是打开率不及微信的聊天列表；在某些短视频 App 中的账号虽然随时可能会被限流，但是一旦得到推荐算法的青睐，那么短视频账号带来的流量就是巨大的。企业要找到这个平衡点，在公域流量和私域留量之间建立一个矩阵，互相导流，即使在一个平台中被限制，也随时能在其他平台找回客户，这才是企业"终极"的私域留量。

6.2　客户留存

如果企业想将通过各种方式（如导流、投放、店铺、广告等）吸引来的客户流量留存下来，那么应主要考虑两个方面的影响——物和人。这里的"物"，除了产品、商品，还可以是企业提供的服务；这里的"人"，既可以是客户，又可以是员工（如客服人员、销售人员、运营人员等）。企业想做好客户留存，让流量顺利变为留量，可以从以上两个方面入手。

6.2.1　清晰的客户群定位

留存率与企业提供的服务密切相关，对于以社群为留存客户主要阵地的企业来说，清晰的客户群定位能更好地留存客户。例如，以外卖券提醒、淘宝券发放、京东内购通道为主的福利发单群，需要经常向客户发送一些实实在在的优惠福利，如"0 元免单"、大额优惠券、享受折扣的方法等。

除此之外，还有直播互动群、美股交流群、汽车交流群、互联网产品交流群等行业交流群；知拾收藏产品反馈群、CSDN 插件反馈群、MeterSphere 反馈群等客户反馈群；美妆同好群、旅游同好群、美食同好群等兴趣同好群。只有提供了相应

服务的客户群，才能真正留住客户。关于客户群运营的详细内容，读者可以参考第
5 章。

6.2.2　权益尊享

通过设置不同渠道或身份等级对应不同尊享权益的方式，企业可以有效地对客
户进行分层，也能更好地将客户留存下来。为了避免无效客户进群，企业在做私域
运营时，可以在添加好友之前设置一些限制，如让客户绑定网站账号、登录微信查
询在微信小商店中有无订单、发送并核验京东或淘宝的订单号等，限制无效客户进
群，如图 6-1 所示。企业还可以通过客户只有在社群内才能享受专属福利、获取动
态变化的群暗号等特权，提高客户留存率。

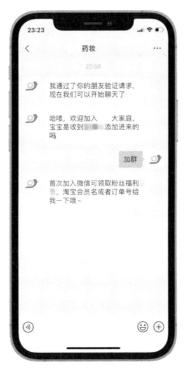

图 6-1　核验会员名或订单号领取奖励

6.2.3　预充值会员卡

会员预充值是一种提前"锁客"、留存客户的方式，如企业通过"充值 500 元

得 700 元"的营销方式让客户提前把钱存进来，表面上"亏"了 200 元，实际上是通过这一方式给客户打了七折，而且这种预充值会员卡的方式能让客户多次在店内消费，降低客户流失率。企业可以定期举办会员日活动，在提高客户复购率的同时培养客户的忠诚度，还可以推出生日特惠（如五折结算）活动，让客户享受专属会员特权，牢牢地把客户留住。

6.2.4 关键行为触点提醒

第 2 章提到，通过打通企业公众号、App、小程序、小商店、企业微信等平台，企业可以统一客户标识，这样客户的很多关键行为就变得更加可知、可控了。

例如，企业可以统计某位客户打开了企业在社群内分享的链接、创建了订单却迟迟没有支付、浏览了活动页面却迟迟没有下单或某位重点客户突然退出了群聊等。对于这些关键行为触点，销售人员可以在企业微信中第一时间获知并进行干预转化，如图 6-2 所示。在企业引导客户添加企业微信以便进一步提供服务咨询后，对于已经添加的客户，系统会自动推送通知，提醒对应的销售人员跟进转化。

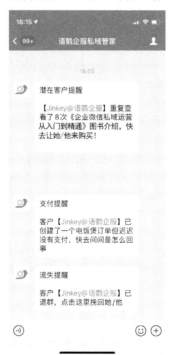

图 6-2 关键行为触点提醒

常见的关键行为触点如表 6-2 所示，当客户触发这些关键行为触点时，系统会提醒销售人员主动跟进，了解客户感兴趣或迟迟没有支付的原因。

表 6-2　常见的关键行为触点

关 键 行 为	行 为 说 明
浏览	客户多次查看了同一个商品
	老客户在新平台中注册了账号
	客户查看了企业私域运营大会的介绍页，浏览进度 80%
	客户点开了企业发在社群内的文件
	客户把课程 A 学习完了
交易	客户把商品加入了购物车
	客户已经签收了包裹
	客户创建了订单但是没有完成支付
互动	重点客户退出了群聊
	重点客户报名参加了企业的某个活动
	客户填写了某个表单
	客户点赞了企业的朋友圈产品动态

6.2.5　好友留存分析

了解客户留存情况的一个关键指标是客户留存率，除此之外，企业还可以关注更多员工与客户的互动指标，包括平均首次回复时长、聊天总数、发送消息数、已回复聊天占比等，如图 6-3 所示。

图 6-3　员工与客户的互动指标

在企业微信管理后台，企业最多只能查看最近 30 天内的互动指标。但借助第三方工具，互动指标数据会被长期存储，可以追溯很久之前的指标进行同比分析。例如，通过"（新增客户数-被删除客户数）/新增客户数"的计算公式，企业可以得出一段时间内的客户留存率。

通过分析客户留存率，企业可以完成以下工作。

1. 考核员工或部门的服务水平

企业可以对比不同员工、不同部门的客户留存率，以此作为考核员工或部门服务水平的依据；还可以结合企业微信会话内容存档功能查看员工的聊天记录，分析在员工的服务中存在的问题或总结可以借鉴的方法。

2. A/B 测试优化运营策略

客户留存率也可以用于对不同员工进行运营策略的 A/B 测试，如一个员工采用欢迎语 A，另一个员工采用欢迎语 B，其他变量保持一致，这样企业就可以看出哪句欢迎语的效果更好、不同欢迎语的效果是否存在明显差异等，进而优化欢迎语话术和其他运营策略。

6.2.6 社群留存分析

除了好友留存率，社群留存率也反映了企业社群运营的健康状态。当企业不确定社群客户对哪些内容更感兴趣或不清楚哪个商品的转化率更高时，可以同时在 A、B 两个社群内进行 A/B 测试。例如，在相同的时间段内，企业在社群 A 内发送内容 X、在社群 B 内发送内容 Y，并持续跟踪不同社群客户对内容 X、内容 Y 的反应（阅读量）及社群留存率的变化，以此调整社群内容的运营策略。

有一些企业微信第三方平台可以直观地查看社群留存率，系统会自动统计每日的进群、退群人数形成社群人数曲线，并自动统计新用户次日留存率、新用户七日留存率、新用户月留存率等数据，如图 6-4 所示。

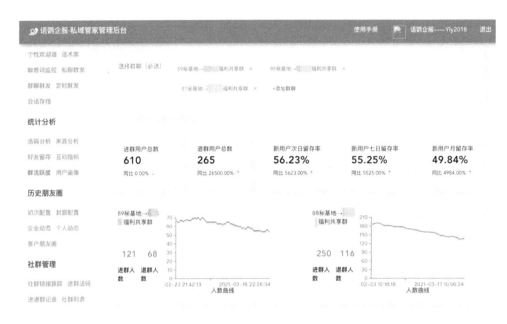

图 6-4　企业微信第三方平台自动统计社群留存率

6.3　客户召回：用这些方法挽回流失客户

本节将重点介绍企业如何借助工具高效挽回流失客户。这里的"流失客户"有两种含义：一是在长时间内无互动的沉默客户，处于即将流失的边缘，如在 7 天、14 天、30 天内零互动的客户；二是已经把企业删除的流失客户。在接下来的内容中，我会重点说明几个方法，帮助企业高效挽回流失客户。

6.3.1　一招查看"谁把你删除了"

在服务客户的过程中，员工有时会遇到被客户删除的情况，虽然被删除的感觉很不好，但是客户删除员工往往有一定的原因，如以下原因。

① 员工提供的服务不是客户想要的服务。

② 员工服务态度不好，辱骂客户。

③ 员工服务质量差，长时间不回复或回复不及时。

④ 广告太多打扰了客户，客户不想再被打扰。

如果是因为企业没有提供客户想要的服务，但后续会推出这项服务，那么企业可以提前告知客户保持联系；如果是因为员工服务态度不好，那么需要员工加强服务意识，管理者也可以结合企业微信会话内容存档和客情档案功能监督员工的服务工作（我会在 6.3.5 节详细说明）；如果是因为员工长时间不回复或回复不及时，在大部分情况下是由于消息太多造成遗漏或忙不过来，那么这时员工的态度诚恳一些，还是有很大机会可以挽回客户的。

至于广告太多的情况，就需要企业提高服务质量了，试想如果客户整天收到企业的广告，而这些广告又不是客户感兴趣的，那么企业想不被删除都难。但若企业能基于企业微信标签精准地发送消息，则被删除的可能性会大大降低。

既然企业知道了出于不同原因被客户删除的处理方式，那么如何知道客户是否已经删除了员工呢？如果在客户删除员工的那一刻就及时获知并跟进，是不是成功挽回客户的概率会更高一些呢？

在使用微信时，也许你曾特别希望有一个功能可以查看"谁把你删除了"。那么在企业微信中，我们能不能知道哪位微信客户把我们删除了？又能不能一键挽回流失客户呢？

答案是肯定的。如图 6-5 所示，通过企业微信第三方工具，企业可以实现"客户流失"预警功能，一旦客户删除了员工的企业微信，系统就会自动发送实时提醒，提示"您的客户××已经把你删除，点这里挽回他/她"。

此时员工向该客户任意发送一条消息，就可以触发"发送联系人申请"功能挽回该客户。如果企业不想挽回该客户，那么也可以点击如图 6-6 所示右上角的人像图标，进入客户详情页面将该客户删除。

图 6-5　客户删除员工的企业微信，
　　　　系统自动发送实时提醒

图 6-6　发送消息挽回客户

6.3.2　员工删除客户实时提醒

当然，在服务客户的过程中，除了客户删除员工，员工也可能因为某些原因删除客户，如员工认为某个客户不易转化，放着也是占用位置；客户态度不好，辱骂员工；员工辱骂了客户不想被管理者发现；员工接私单，用个人微信添加客户后从企业微信中删除客户等。

如果是因为客户不易转化，那么员工可以将其转给高级销售人员；如果是因为员工本身的问题，如态度不好、辱骂客户、接私单等，那么企业可以通过会话内容存档功能实时监督和干预员工的违规行为，避免客户流失。员工将客户删除不是管理者希望看到的事情，因为那是企业辛辛苦苦花钱、花精力沉淀下来的流量。那么企业如何及时防止这样的问题发生呢？

此时，企业可以利用企业微信外部联系人变动事件的开放接口，监控员工删除客户的行为。如图 6-7 所示，当员工删除了客户后，系统会自动向其管理者发送实时提醒，以便及时制止。如果制止无效，那么管理者可以立即将该员工从企业通讯录中删除，以尽快保住客户资源。在删除该员工后，管理者可以进行离职继承，将该员工的客户转接给另一个员工。

除了事件提醒，可能管理者也很希望了解员工删除客户更详细的事件经过，这时可以借助企业微信会话内容存档功能，通过系统将员工的聊天记录保存起来，在员工删除客户后可以通过聊天记录还原整个事件的经过。即使万不得已将员工从企业通讯录中删除或进行离职继承，管理者也可以借助企业微信第三方平台查看离职员工的聊天记录。

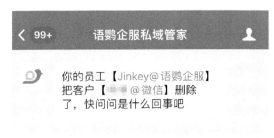

图 6-7　员工删除客户，系统自动发送实时提醒

如图 6-8 所示，无论是客户删除员工，还是员工删除客户，企业微信管理员都能在第三方服务商管理后台中查看所有客户流失记录，做到合规监管。企业微信管

理员还可以根据标签、删除方式分别查看客户流失的数据，作为考核员工绩效的依据。

图 6-8　查看客户流失记录

6.3.3　成员离职：一键分配离职成员的客户和客户群

企业在借助微信联系客户时，一个很大的痛点是离职成员带走客户。而企业微信有一个很大的亮点，即客户属于企业，离职成员无法带走。这需要"离职继承"功能。当企业的某个成员离职时，企业微信管理员可以通过离职继承功能将成员账号中的客户和客户群一键分配给其他成员，从而实现客户不流失、服务不中断。

这个功能的操作方法很简单：假设成员 A 用企业微信添加了 1 万个客户并创建了 500 个客户群，当成员 A 离职时，企业微信管理员想将这些客户资源分配给成员 B 继续跟进，只要登录企业微信管理后台或在手机端按照如下步骤操作即可。

1．离职继承功能操作方法

1）在企业微信管理后台操作

第一步：删除离职成员

企业微信管理员扫码登录企业微信管理后台，删除离职成员 A 并点击"确认"按钮，如图 6-9 所示。

第二步：分配客户和客户群

企业微信管理员进入如图 6-10 所示的"客户联系"—"离职继承"页面，可以看到离职成员的相关信息，包括所属部门、待分配客户数、待分配群聊数、离职时间等，勾选该离职成员后即可分配其客户和客户群，并选择承接的成员 B。

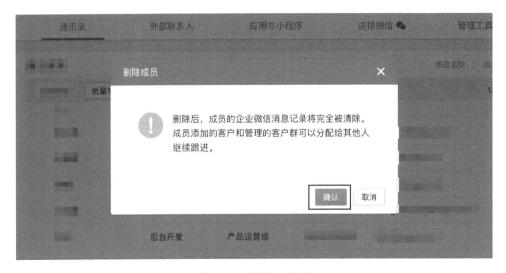

图 6-9　删除离职成员

2）在手机端操作

管理员打开企业微信 App，在如图 6-11（a）所示的"工作台"中点击"离职继承"功能，即可查看当前有多少名离职成员的客户和客户群需要分配，点击如图 6-11（b）所示的"去分配"按钮，即可如图 6-11（c）所示将离职成员的客户和客户群分配给其他成员。

图 6-10　企业微信管理后台分配离职成员的客户和客户群

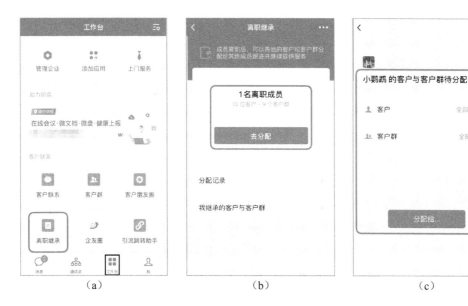

图 6-11 手机端分配离职成员的客户和客户群

2．离职继承功能操作要点

1）离职成员被删除后无法再次登录企业微信账号

如图 6-12 所示，在管理员删除离职成员后，该离职成员将被自动解除登录企业微信账号的权限，其企业微信账号会收到"你在××的账号已被管理员删除"的提醒，且无法再次登录该企业微信账号，该离职成员的客户和客户群将被自动收回。

图 6-12 离职成员被删除后无法再次登录企业微信账号

2）客户自动添加新接替的成员为企业微信联系人

在管理员分配完离职成员的客户和客户群后，客户会收到一条如图 6-13 所示的通知，如果客户在 24 小时内不主动点击"暂不添加"，那么该客户的账号将在 24 小时后自动添加新接替的成员为企业微信联系人。

3）可以再次添加拒绝添加新接替成员的客户

在完成分配后，离职成员的账号会自动与客户解除好友关系，而新接替的成员可以查看所有客户和客户群的分配详情，如图 6-14 所示。对于拒绝添加新接替成员的客户，新接替成员可以尝试再次添加避免客户流失。

图 6-13　客户收到离职继承通知　　　　图 6-14　查看所有客户和客户群的分配详情

4）聊天记录继承情况

若客户没有删除与离职员工 A 的聊天记录，则可以继续点开与员工 A 的聊天窗口查看聊天记录，但新接替员工 B 无法继承和查看客户与员工 A 之前的聊天记录。不过有一种情况例外，若企业以前为员工 A 开通了会话内容存档功能，客户与员工 A 的聊天记录可以存档，则员工 B 也可以通过会话内容存档功能查看客户与员工 A 之前的聊天记录，如图 6-15 所示。

以上就是在员工离职时客户能被继承而不会流失的方法。显然，有了会话内容存档功能和离职继承功能，企业在员工离职时不必像以前那样慌张，可以牢牢地把客户留在企业微信中。而对于工作调动的情况，企业微信的在职继承功能也起到了很大的作用，下面我们一起来看一看。

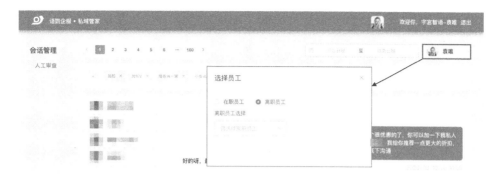

图 6-15　查看离职员工的聊天记录

6.3.4　工作调动：在职继承客户实现服务不中断

企业成员的岗位调整是很常见的事，如果成员因为工作调动不再负责原来的业务和客户，那么可以使用企业微信的在职继承功能，将以前负责的客户转接给其他同事，具体有以下两条操作路径。

1．Web 端操作路径

管理员登录企业微信管理后台，进入如图 6-16 所示的"客户联系"—"在职继承"页面，即可选择"需要转接的客户"。

图 6-16　Web 端在职继承

企业微信支持"选择有工作变更的成员的客户",也支持"直接选择有变更的客户",如图 6-17 所示。

图 6-17　两种选择方式

管理员在选择好需要转接的客户后,再点击"选择接替的成员"和"确认转接"按钮即可,如图 6-18 所示。

图 6-18　点击"选择接替的成员"和"确认转接"按钮

2. 手机端操作路径

管理员打开企业微信 App 中的"工作台"，首先在如图 6-19（a）所示的"客户联系"页面中点击"在职继承"板块，然后在如图 6-19（b）所示的页面中点击"选择客户"和"选择接替的成员"，最后点击"确定"按钮即可。

（a）　　　　　　　　　　　（b）

图 6-19　手机端在职继承

图 6-19（b）中的"选择客户"功能支持"按成员选择"和"选择指定客户"两种方式：图 6-20（a）中的"按成员选择"，支持选择如图 6-20（b）所示的"全部可选客户"或"根据标签筛选"客户；图 6-20（a）中的"选择指定客户"，支持在搜索客户昵称或备注后勾选客户，如图 6-20（b）所示。

在管理员选择完后，客户会收到如图 6-21（a）所示的提示，客户与接替的成员将在 24 小时后自动成为企业微信联系人；如果客户选择如图 6-21（b）所示的"暂不添加"，那么接替的成员还可以选择主动添加。

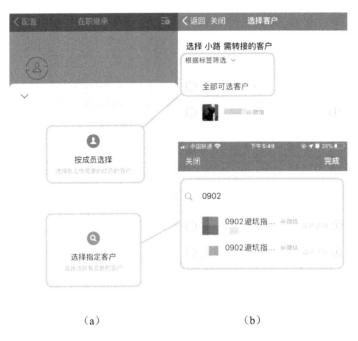

（a）　　　　　　　　　　　（b）

图 6-20　两种选择客户的方式

（a）　　　　　　　　　　　（b）

图 6-21　客户收到提示

需要注意的是，为了保障客户的服务体验和提升企业服务的稳定性，企业微信做出了以下规定。

① 在职成员的每位客户最多可以被分配 2 次，间隔期为 90 个自然日。

② 若新成员接替成功，则原跟进成员无法继续为该客户提供服务。

③ 若新成员接替失败，则原跟进成员可以继续为该客户提供服务。

④ 在职继承功能一次只能选择一个接替成员，若将客户分配给多个成员，则需要分多次操作。

⑤ 在职分配的 90 天间隔期不影响离职分配，也就是说客户在被进行在职分配后还可以被进行离职分配。

此外，企业还需要注意在职继承功能目前只支持继承客户，暂不支持继承客户群，如果需要继承客户群，那么还需要手动拉接替成员进群并转让群主。因此我建议，企业在有条件的情况下可以向成员提供一批专用的企业微信号，当成员离职或工作调动时，只需要把这批企业微信号转接给新接替的成员即可实现无缝对接，一是客户不会感受到成员变动或离职带来的影响，二是接替成员也可以直观地查看上一任成员与客户的聊天记录。不过，提供专用企业微信号的方法对于企业来说成本相对较高，不适合客户规模很大、需要很多企业微信号的企业，但对于中小微型企业来说还是比较合适的。

6.3.5　离职员工的客情档案和聊天记录

我在 6.3.3 节和 6.3.4 节中介绍了员工工作调动或离职可以将客户转接给新同事继续跟进。问题是在完成转接后，客户与之前员工的聊天记录还在吗？新同事如何了解原同事与该客户的沟通进度及客户的客情档案？这就涉及客情档案和聊天记录存档的问题了。

需要注意的是，企业微信的在职继承功能或离职继承功能只能将客户的备注、描述、标签等信息转接给新同事，至于客情档案和聊天记录，新同事是无法查看的。有没有什么办法能将客户画像及聊天记录保存起来，不因员工工作调动或离职而受影响呢？

如果企业开启了企业微信会话内容存档功能和客情档案功能，就能解决这一问题。会话内容存档功能可将员工与客户的聊天记录长期存档，并支持管理员在企业微信管理后台查看；客情档案功能可以随时记录客户与员工的交集，客户信息不因员工工作调动或离职而丢失。继承了客户以后，新同事可以在第一时间了解客户画像情况。

以某品牌充电宝为例，该品牌将共享充电宝投放到客户的门店中使用，并为每个客户分配了对应的员工跟进处理问题，每个员工每天都要跟进一批客户的充电宝使用情况。

为了监控员工的服务质量，该品牌开通了企业微信的会话内容存档功能，在员工和客户双方知情且同意的前提下，为质检员开启"分级管理员"权限，在开通当日，质检员就可以在第三方服务商管理后台中切换查看对应员工和客户的服务对话记录。

如图 6-22（a）所示，员工可以通过客情档案功能，在聊天侧边栏实时记录与客户沟通的关键信息。这样，即使存档员工离职，客户、聊天记录、客情档案也不会丢失，企业可以将离职员工及时更换为新接替员工，新接替员工也能在第一时间了解对接客户的历史情况，如图 6-22（b）所示。

（a）

图 6-22　某品牌充电宝客情档案和聊天记录示例

（b）

图 6-22　某品牌充电宝客情档案和聊天记录示例（续）

6.4　沉默客户激活：三步激活即将流失的客户

除了 6.3 节提到的客户主动流失或被动流失，更多的客户流失是悄无声息的。可能很多企业遇到过这种情况：大部分客户在添加企业的企业微信后就没有互动了，既不主动向企业发起会话，也不回复企业发送的消息，甚至不知道对方出于什么原因不回复。要想激活这些沉默客户，企业首先需要筛选出长时间无互动的客户。以下流程和方法，适合企业召回私聊和群聊中的沉默客户。

第一步：筛选出长时间无互动的客户。

第二步：组织话术，制定不同的推送策略。

第三步：精准、高效群发消息。

在接下来的内容中，我会进一步详细说明。

6.4.1　筛选沉默客户

要想筛选沉默客户，企业首先应定义需要召回的沉默客户画像，如超过 3 天不回复的客户、近一周在群里没有发言的客户、60 天内没有到店消费的客户等，然后根据沉默客户画像，通过批量打标签的方式将沉默客户筛选出来，具体包括以下几种方式。

① 员工在私聊中用当前时间减去客户上一次回复的时间，若时间差大于 3 天则可以将客户定义为沉默客户，对其批量打上"不回复"的标签。

② 员工在群聊中根据发言次数，筛选出一个月内发言次数为零的客户列表，定义为沉默客户，对其批量打上"不发言"的标签。

③ 员工根据会员系统记录，对 60 天内未到店消费的客户批量打上"沉默客户"的标签。

④ 员工针对买过××培训课的客户，在其完成课程30天后批量打上"××-回访"的标签。

…………

企业可以自己研发工具，通过企业微信的 API 对符合沉默客户画像的客户批量打标签；如果没有研发能力或想节约研发资源，那么企业也可以通过企业微信第三方服务商对客户批量打标签。在完成当天的群发工作后，企业也可以删除标签。

6.4.2　组织话术

在筛选出沉默客户后，企业就要针对不同的客户制定不同的推送策略了。企业在组织私聊话术时，要注意使用亲切的语气、多用疑问句、不要直接发广告等。例如，"你好，昨天参观我们的楼盘还满意吗？有没有什么不清楚的地方需要我补充解答呢？"（某房产经纪人在客户参观楼盘后的第二天定向推送消息询问参观体验）；"昨天的用餐愉快吗？我们有没有什么做得不好的地方需要改进呢？"（某餐饮门店在客户消费后的第二天定向推送消息）；"这个月的经期正常吗？"（某卫生巾品牌通过经期助手小程序的数据，在客户每个月的预测经期定向推送消息，告诉客户一些健康小知识或建议，促使客户下单购买商品）；"最近想换工作吗？"（某招聘平台）等。

企业触发客户进行自然的交流，以达到下一步的转化目的。如图 6-23 所示，企业通过有针对性的群发消息和课业跟进成功激活沉默客户。

图 6-23　有针对性的群发消息和课业跟进成功激活沉默客户

6.4.3　群发消息

在组织好话术后，企业就可以群发消息了。群发消息的具体操作如下：员工打开企业微信 App "工作台"，点击 "客户联系"，就可以在如图 6-24（a）所示的 "工具" 板块中看到 "群发助手" 了。既可以由员工在如图 6-24（b）所示的页面中点击 "向我的客户发消息"，然后依次如图 6-24（c）和图 6-24（d）所示选择 "分别发送给" 和 "根据标签筛选"，将消息发送给客户；也可以由管理员选择如图 6-24（b）所示的 "向企业的客户发消息"，统一编辑群发消息，再通知员工下发。

图 6-24　群发消息的具体操作

6.5　未回复提醒：提高服务质量

除了流失客户、沉默客户，也有一部分客户是由于员工未能及时回复而流失的，因此提醒员工及时回复的功能也非常重要。有些企业选择使用破解软件监听企业微信的消息收发动态，这样会为企业带来很大的信息安全隐患，甚至有封号的风险，所以我并不建议企业使用。事实上，未回复提醒功能完全可以通过企业微信会话内容存档功能合规地实现。

6.5.1　未回复自动提醒

在企业开通会话内容存档功能后，系统可以根据设定的未回复时长阈值（如 10 分钟以上）和语义分析（如客户发送的是疑问句），判定员工还没有回复客户的消息，然后自动向对应的员工下发一条通知，提醒员工跟进，从而促进销售转化，防止丢单，如图 6-25 所示。

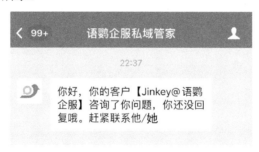

图 6-25　未回复自动提醒

6.5.2　阶梯上报提醒引起重视

即使有未回复自动提醒功能，有些员工也可能消极处理，或实在忙不过来无法及时处理。此时系统可以通过阶梯上报提醒的方式将情况反馈给上一级管理者，如当员工在客户咨询后 6 小时内没有回复时，系统可以将情况上报提醒给上一级管理者，当过了 12 小时后员工还没有回复时，系统可以继续上报给管理者。对于长期对大量客户未能及时回复的员工，以客户服务为第一要务的企业管理者就要重视起来了，弄清楚到底是员工懈怠、能力不足，还是分工不合理的问题导致员工无法及时处理客户的诉求。

6.5.3　未回复周报汇总盘点

企业微信通过自然语言处理技术，可以自动提取未回复的客户的问题、哪个客户在哪个时间点提出了问题、哪个负责对接的员工没有回复等，并将它们自动整理为一个列表提交给企业管理者进行周期性汇报，及时梳理重点问题，监督销售人员跟进。企业可以每周召开销售复盘会议，通过周报分析问题、提出解决方案、提高销售转化率等。

6.5.4　绩效管理定期考核

通过对销售人员、运营人员的平均回复时长和应答率等指标进行定期汇总统计，企业可以对单个员工进行绩效考核，还可以通过对销售组的聚合统计考核业务拓展经理的管理能力，具体可以结合企业自身实际情况制定考核标准。

关于客户召回的内容，本章就先讲解到这里了。读者可以结合第 5 章的促活转化玩法，在促活客户的同时，挖掘客户更多的价值。

第 7 章

数据统计与效果分析

本章将介绍企业如何对客户分层、分层时涉及哪些常用的分层维度，以及如何获取客户数据，并将这些方法和数据应用到企业微信私域流量运营中。

7.1 客户自然属性

客户自然属性，指的是客户在实体世界一出生或在虚拟世界一注册就具有的、不是经过分析产生的属性。客户自然属性可以分为人口属性、社交属性、系统属性。

7.1.1 人口属性

人口属性包括生物属性和社会属性：生物属性是人一出生就具有的属性，不需要依赖其他属性，如性别、年龄等；社会属性是人在与外界交互的过程中产生的属性，如学历、职业等。人口属性对于精准营销有着非常重要的作用。

（1）性别

一家相亲企业在运营私域时，如果客户是男性，那么该企业应该定向推送女性相亲对象、带有女性封面图的公众号文章或小程序页面；如果客户是女性，那么与上述情况相反。与将男女信息混合在一篇文章中推送的方式相比，这种方式的打开率、完读率、点赞量等更高，更有利于平台推荐企业的内容，借助公域的传播再次扩大私域的获客范围。

企业要区分客户的自然性别和购物性别，如一个男性客户经常购买女性衣物或卫生巾，其购物性别就是女性，该客户可能在为太太购买商品。我们在进行私域运营向其推送优惠信息时，要注意推送与其购物性别相关的信息，而不是与其本身的自然性别相关。例如，企业在推出新款女性衣物的时候可以向该客户推送消息；而在推出新款卫生巾的时候就不需要向其推送消息造成打扰，因为该客户的太太用什么品牌的卫生巾是相对固定的，也不由该客户决定。

（2）年龄

不同年龄的人成长环境不同，偏好也不同。"90后""00后"的生活条件大多比"70后""80后"的生活条件优越一些，因此他们对精神生活有更高的要求，有趣、好看的东西更能吸引他们。例如，某课程平台向"90后"推送与插花、育儿、副业兼职相关的课程，向"00后"推送宠物、电竞、美妆等课程。

（3）地理位置

一般情况下，企业通过微信客户信息授权机制可以获取的地理位置信息如表 7-1 所示。

表 7-1　企业通过微信客户信息授权机制可以获取的地理位置信息

微信的产品线	可以获取的地理位置信息
微信开放平台（App 登录）	国家，用高德/百度地图的软件开发工具包可以获取经纬度
小程序	国家、省、市，请求定位可以获取经纬度
服务号	国家、省、市，请求定位可以获取经纬度
企业微信	—

从表 7-1 中可以看出，受限于微信团队开放能力和互通需求推进的进度，企业微信在获取客户地理位置信息方面的能力是比较落后的。但企业可以利用 UnionID 机制打通微信原有的数据，因为企业微信员工添加的客户大部分是个人微信，所以企业可以在小程序、服务号等平台中获取信息。

地理位置信息不仅可以从以上平台中获取，还可以通过以下几个途径获取。

① 客户购物记录的订单快递地址。如果一个男性客户购买的商品经常寄到远方某个地址，那么其很可能买给异地恋的女朋友或远方的家人。

② 打车记录经常性起点和终点。早上出发、晚上返回的地址很可能是家庭住址，晚上出发、早上返回的地址很可能是公司地址，部分夜间工作（如地铁维护等）

可能相反。

③ 线下训练营或见面会。类似起点学院、知群等知识付费企业经常在各个城市举办线下训练营或见面会，通过这种方式可以获知客户的常驻城市。之后，如果企业有相关的活动或招聘，就可以在公众号的广泛扩散之外对该城市的私域客户进行精准推送，提高转化率，同时减少对其他客户的打扰，降低流失率。

④ 身份证地址。身份证地址通常能透露人们所属的地域文化和成长环境，如在重庆出生的人喜欢吃辣的概率会比在广州出生的人喜欢吃辣的概率大，企业可以更精准地向客户推送新菜式。不过该类信息较为敏感，企业必须在获得客户同意并符合法律要求的前提下采集和存储该类信息。

（4）身高、体重

客户的身高、体重数据在服装、医疗、健身、营养管理等行业中经常使用。例如，某健身 App 把不同体重的客户分到不同的私域社群中，按照客户的体脂率范围，精准推送对应的膳食建议和健身资讯。

（5）学历、职业

学历信息在考研、K12 教育等行业中经常使用，职业信息在考取国家二级建造师执业资格证书、项目管理专业人士资格认证、特许金融分析师职业资格认证、消防许可证等专业资格和技能证书方面经常使用。学历、职业信息不是固定的，而是随着时间的推移动态变化的。

7.1.2　社交属性

社交属性，指的是客户通过虚拟通信网络构建的客户标识，如手机号码、邮箱号码、QQ 账号、微信账号、微博账号等。比较常用的社交信息是手机号码，通过手机号码注册账号是目前各大互联网平台的主要注册方式，也符合相关法律法规要求的实名发布互联网内容的规范。教育企业一般会通过广告系统广泛收集客户的手机号码进行电话销售，员工在经过电话沟通了解客户的基本意向后可以引导客户搜索微信账号，然后在个人微信中选择"去企业微信添加对方"，系统就会自动把客户的手机号码备注到企业微信字段中。企业也可以通过客户的手机号码将非微信域的数据打通，在收集手机号码的过程中，企业也获得了大部分客户的微信账号，可以实现多级留存，防止企业因在某些平台中被封号而导致客户资源严重流失。

国外的客户比较常用的是邮箱号码，企业可以将邮箱号码作为确定私域客户身份的依据。但是邮箱号码较容易批量注册且不需要经过实名认证，因此企业最好配合其他客户信息（如官网绑定的邮箱号码）辅助校验客户身份的唯一性。除了邮箱号码，QQ 账号、微信 UnionID、身份证号等也是标识客户身份的依据。

7.1.3　系统属性

在客户注册系统之初，企业就能获取客户的很多系统属性。

① 客户设备。例如，手机品牌、手机型号、手机价格、手机特色功能（如 OPPO 的超级防抖功能被很多喜欢自拍的女生所青睐）等。如图 7-1 所示，通过客户手机型号分析，我们可以大致推测客户手机的均价，从而大致推测客户的消费水平属于哪个层次。

图 7-1　客户手机型号分析

② 屏幕分辨率。如图 7-2 所示，通过客户终端屏幕分辨率分析，我们可以明确需要测试和适配哪些屏幕分辨率，不过这个参数在私域运营中一般用不到，因为小程序基本上已经为我们适配好了移动端页面的屏幕分辨率。

图 7-2　客户终端屏幕分辨率分析

③ 手机系统。如图 7-3 所示为某 App 的安卓系统版本分析，通过该分析，我们知道了大部分客户的手机系统已升级，对于某些更高版本的手机系统才支持的新功能，我们可以积极引导客户进行体验。

图 7-3　某 App 的安卓系统版本分析

④ 注册日期。例如，客户首次在 App 内授权微信登录的时间点、客户首次添加企业微信员工为好友的时间、客户首次关注公众号的时间、客户最近一次登录的时间、客户最近一次支付的时间等。

记录这些系统属性的作用是什么呢？举个例子，通过对比客户关注公众号的时间、注册 App 的时间和添加员工企业微信的时间，我们可以知道是老客户新添加了员工的企业微信，还是企业微信社群带来的 App 下载量增长。

又如，当客户首次添加员工为微信好友时系统会发送一句欢迎语，如果客户是在 2021 年 1 月 1 日添加的，员工就可以对客户打上一个 7 天后的标签 "20210108 唤醒"，并在 2021 年 1 月 8 日向这部分客户推送一些特别的小福利，如优惠券、"1 元购"等新人福利，提高客户留存率。企业也可以将客户的添加时间与删除时间进行对比，分析某一天、某一个渠道的留存率（如图 7-4 所示），进而优化欢迎语和新人活动。如果效果仍然不佳，那么企业需要进一步优化，检查是不是推送内容不佳的原因。

![语鹦企服·私域管家管理后台](留存率分析后台截图，含：新增用户 1013 环比0.00%↑；累计用户数 168423 环比5.18%↑；新用户次日留存率 83% 环比-15.31%↓；新用户七日留存率 80% 环比-15.31%↓)

图 7-4　留存率分析

⑤ 渠道来源。客户从哪个渠道添加的企业微信，在与企业首次接触时就会产生记录，作为其系统属性之一被保存起来。例如，企业在广州珠江新城地铁站投放了楼盘广告，在广告中附带了可以统计渠道来源的员工活码，当客户扫描员工活码时，系统就会自动对其打上"触点-珠江新城"的标签；通过"引流跳转助手"小程序客服消息添加企业微信的客户，会被系统自动打上"引流跳转助手"的标签；通过企业投放的广点通或今日头条广告、抖音广告添加企业微信的客户，会被系统自动打上"广点通客户""今日头条广告客户""抖音广告客户"的标签；甚至企业在广告投放系统中设定的投放对象的标签，也能被直接拉到企业微信聊天侧边栏中。这样，客户的渠道来源、有哪些属性等就非常清晰了。

7.2　客户行为记录

7.2.1　浏览行为

① 页面浏览。很多企业会设计网页版、小程序的活动页面，当客户停留在活动页面的时间是 1～3 分钟时，我们可以判断该客户对页面内容感兴趣（如果停留时间过长，那么可能是客户在打开页面后去做其他事情了，这种情况不算）。这时系统可以在页面中悬浮或弹窗显示企业微信二维码，如果该客户已经是企业的企业微信好友，那么我们可以向添加该客户的销售人员发送提醒："你好，你的客户刚刚浏览了销售页面，对产品有购买意向，请及时跟进促成销售转化。"

客户是否打开了某篇文章或某个商品页面，以及该文章的类别、该商品的类目和价格等信息，可以经过统计分析得出客户偏好，这一点在下文中会详细介绍。除了以客户是否打开页面作为指标，浏览行为还能以如下数据作为指标。

② 阅读深度。阅读深度指的是客户滚动页面的长度占页面内容总长度的比例，这里的"页面内容总长度"要分清楚是只包括正文内容，还是也包括底部的相关推荐。如果评估客户是否对文章内容感兴趣，就不应把相关推荐也纳入页面内容总长度的计算范围，客户看完正文内容就达到了 100% 的阅读深度。

③ 阅读时长。根据客户阅读一篇文章的时间，企业可以推测客户的偏好。用文章的字数除以目标客户的平均阅读速度，可以得出客户阅读完文章的适中时长，如果客户的阅读时长大于适中时长 30% 左右，那么企业可以标识该客户对文章有自

己的思考；如果客户的阅读时长超出一定阈值，如一篇 5 分钟可以阅读完的文章，该客户停留了 15 分钟，那么可能是该客户有事走开了，该数据可以作为异常值被企业去除；如果客户的阅读时长小于适中时长，那么说明该客户可能没有太大的兴趣继续阅读，企业可以结合阅读深度判断该数据的有效性。

④ 朋友圈访客。若客户如图 7-5（a）所示访问了员工的企业微信名片中一条带有产品优惠信息的朋友圈消息，则该客户可能对该产品有需求，如果系统能第一时间通知员工跟进客户的这一浏览行为，就可能提高成交率。企业使用第三方历史朋友圈功能即可实现如图 7-5（b）所示的朋友圈访客跟踪，但前提是访客需要授权服务号登录才能浏览朋友圈。

(a)　　　　　　　　　　　　　　　(b)

图 7-5　朋友圈访客跟踪

⑤ 打开文件。过去，员工在添加客户的时候，向客户发送了产品介绍和询价单，但客户可能一直没有回复或反馈任何购买意向信息，员工也不知道客户是否查看了消息或感觉哪里不合适。现在，员工可以借助企业微信向客户发送带有追踪客

户浏览行为功能的文件，只要客户打开了文件，员工就可以收到反馈并进一步跟进。

7.2.2 互动行为

① 登录。登录指的是客户在打开 App 时系统向企业微信员工账号发送一条登录提醒消息的行为。

② 签到。例如，客户打开了 App 中的签到页面；在服务号中回复"签到"；在企业微信社群中@小助理签到，系统自动回复一个服务号二维码，客户扫码成功签到等。这些行为都属于签到互动行为。

③ 点赞。App 中有关柯基的视频点赞量多，还是有关哈士奇的视频点赞量多，可以反映客户的不同偏好，企业可以对和这些点赞行为不同的客户对应的企业微信外部联系人打上不同的标签，在下次推送消息的时候分别向喜欢看柯基和喜欢看哈士奇的企业微信外部联系人推送不一样的个性化内容。

④ 评论。根据客户评论，企业可以提取一些关键词进行分析，如某证券 App 在客户的社区评论中提取股票和公司名称，并对客户的企业微信打上标签，了解客户偏好哪个股票板块的股票，然后将相同标签的客户拉入群聊，在群聊中更新相应股票板块的一手资讯和日报，分析股票买卖点。

⑤ 收藏。收藏是比点赞更加私密的一种互动行为，因为不公开分享，所以更能代表客户的真实偏好。其分析方法与点赞类似，企业可以通过浏览行为对客户打上偏好标签。

⑥ 参加活动。客户经常参与抽奖，可能是对抽奖内容感兴趣，也可能是其支付能力较弱（支付能力强的人一般不愿意花时间参与各种复杂的活动）。因此电商平台通常会设置复杂的游戏规则区分高净值人群和低净值人群。

⑦ 裂变。某些客户在多次裂变活动中经常处于领先地位，此时裂变排行榜有利于企业识别 KOC（Key Opinion Consumer，关键意见消费者）。企业可以对这部分客户打标签，送出相应的福利，如大额优惠券、免年费会员、线下活动 SVIP 专位、机场贵宾休息室等尊享待遇，增加 KOC 的归属感。

7.2.3 交易行为

① 添加购物车。在电商行业中，客户把商品添加到购物车里是一种很重要的

行为，它传递了成交的信号。通过添加购物车行为的记录，企业可以分析客户的添加时间和该商品是否"躺"在客户的购物车里很久了、有没有促销活动、是否即将清空库存等，通过这些数据触达购买意愿较强的客户，促成交易或进一步了解原因。我就有过把商品添加到购物车里后忘记下单的经历，等到想起来购买的时候发现商品已经没有喜欢的款式或已经下架了。企业可以在客户添加购物车行为后的第 7 天、第 14 天、第 30 天分别通过企业微信群发优惠券触达这部分客户，促使其下单购买。

② 下单支付。关于下单支付的常见指标有下单时间、下单频率、下单商品、下单平均订单金额、最近一次支付完成时间等。关于下单商品的常见指标有商品名称、商品图片、商品链接、商品类目、商品金额、支付金额、有无优惠券、单次交易金额、年度累计金额等。有助于企业识别交易数据的信息有 UnionID、手机号码、收货地址等。

根据最近一次支付完成时间，企业可以知道客户有多久没有消费并开展召回活动。例如，企业对 30 天以上没有消费的客户发放满 200 元减 100 元的优惠券，促进客户回流；进阶的方法是，企业分别对 A、B 两批客户小规模测试满 200 元减 100 元、满 300 元减 200 元两种不同的优惠券和召回活动的回流效果，再用效果更好的优惠券对 30 天以上没有消费的客户进行全量召回。

企业还可以根据客户的年消费金额进行分层，如表 7-2 所示。

表 7-2　根据客户的年消费金额进行分层

年消费金额（元）	企业微信客户标签
0	观望客户
0～100	尝鲜客户
100～1000	入门客户
1000～10 000	高级客户
大于 10 000	尊贵客户

不过也要具体情况具体分析：如果商品覆盖高中低端的各种级别，如小米手机分为红米千元级低端手机、小米 10 中端手机、小米 11 Ultra 和 MIX 高端系列手机等，那么一个经常购买高端手机的客户也可能购买低端手机，一种可能是为家人购买智能设备，另一种可能是为自己购买备用机。在这种情况下，企业仍应将该客户划分为高端客户。

除了分层，企业也可以利用机器学习算法，综合分析用户行为得出一个分值。

如图 7-6 所示，京东的京享值会随着用户消费金额的增加而上升，又会随着用户在一段时间内不消费而下降。企业在开展活动或群发消息的时候，可以先临时对某个分值的客户打标签，再群发消息。

图 7-6　京东京享值的动态变化

③ 付费会员。现在，越来越多的平台通过付费会员过滤客户，如淘宝 88VIP 会员、京东 PLUS 会员、美团单车月卡、共享充电宝月卡等，看似更加便宜，实则锁定了客户的长期价值。例如，过去我看到任何一辆共享单车都可以免押金解锁，但如果我购买了美团单车的月卡，那么即使我看到其他单车也可能会继续寻找美团单车。这类客户具有更高的客户画像价值，企业需要用心维护。

从积极的角度来看，企业可以对这类客户分配接受过更专业训练和具有更多工作经验的高级客服人员进行服务，优先甚至全天候解决其问题，增加客户的归属感，为企业带来更长远的业务价值。对于这类客户，企业可以根据客户购买的会员类型进行分层，如表 7-3 所示。

表 7-3　根据客户购买的会员类型进行分层

客　户	会员类型	支付金额	客户标签
客户 A	绿钻豪华版	15 元/月	月费
客户 B	绿钻年费版	168 元/年	年费

企业也可以根据客户购买会员的时长进行分层，如表 7-4 所示。

表 7-4　根据客户购买会员的时长进行分层

客　户	购买会员的时长（月）	支付金额（元）	客户标签
客户 A	3	0～24	潜力客户
客户 B	16	0～24	潜力客户

客　　户	购买会员的时长（月）	支付金额（元）	客　户　标　签
客户 C	58	大于 25	铁杆客户
客户 D	72	大于 25	铁杆客户

④ 拼团。拼团的常见指标有成团率、成团人数、成团数量、拼团总价等。我们可以把成团率高、拼团总价高、号召力强的团长发展为 KOC，积极维护，对其打上 KOC 的标签并给予其更多的奖励或折扣。例如，同样是一个 200 元的商品，团长购买只需要花费 50 元，团员则需要花费 200 元才可以购买。在企业发布新品时，团长就是最好的助推群体。

⑤ 分销。分销活动会为参与分销的分销员生成专属的分销链接或分销海报，分销员可以将链接或海报分享出去，一旦有客户通过其链接或海报注册账号或购买商品，分销员就可以获得相应的奖励（主要有购物补贴或优惠券奖励）。企业可以将每个分销员的拉新或成交数据呈现在企业微信侧边栏中，实时查看分销员的业绩，也可以通过分销业绩对分销员进行分层。例如，月成交 200 单以上的分销员被标记为 A 级分销员，每单可以获得 60% 的分成；月成交 200 单以下的分销员被标记为 B 级分销员，每单可以获得 30% 的分成。针对每个分销员分销不同产品的客单价，企业还可以推算分销员不同渠道客户群的消费能力，以此将各类产品推荐给对应的"种子分销员"进行分销。

⑥ 秒杀。秒杀活动可以在短时间内实现商品成交量的上升。经常参与秒杀活动的客户可能是对价格比较敏感的客户，也可能是某个品牌的铁杆粉丝，甚至可能是来自专门"蹲"秒杀活动群聊的客户。企业可以通过对客户 IP 地址、行为属性、购物属性的监控分析，为对应的客户打上特定的标签，在下次上线秒杀活动时进行针对性推荐。

⑦ 退货。有一些客户会经常性地在 7 天内无理由退货，如退回看完的图书、退回拍了短视频进行展示的衣服等，如果这些恶意退货的客户参与了活动或享受了优惠，就会给企业带来很大的损失。企业可以根据订单准确地识别出一些恶意退货的客户，将其拉入全域黑名单中，禁止其加入企业的企业微信社群，设置服务号不向其推送活动消息，禁止其领取优惠券、参与活动等。客服人员在私聊的过程中也能看到该客户被打上了黑名单标签，可以更加谨慎地应对。

⑧ 差评。如果差评可以帮助改善服务和产品质量，那么对企业来说是好事。但是有一些带有恶意的客户或同行，到哪儿都会给差评。这时，企业可以对多次给差评的客户打上黑名单标签，在之后群发消息时不向这部分客户群发优惠信息。

7.3 客户统计属性

7.3.1 单因子分析

针对单个重点指标，企业可以通过单因子分析对客户分层，如表7-5所示。

表7-5 通过单因子分析对客户分层

客　户	交 易 频 率	平均交易金额（元）	客 户 标 签
客户A	10 次/年	0～50	低频
客户B	58 次/年	50～150	中频
客户C	135 次/年	50～150	中频
客户D	200 次/年	大于 150	高频

7.3.2 多因子分析

1. 人为规则

针对多个重点指标制定规则进而产生一个新的因子，企业可以通过多因子分析对客户分层，如表7-6所示。

表7-6 通过多因子分析对客户分层

客　户	交 易 频 率	平均单笔交易金额（元）	客 户 标 签
客户A	4 次/年	8000	大宗商品偏好者
客户B	200 次/年	9.9	日常采购偏好者
客户C	100 次/年	5000	超级客户
客户D	10 次/年	19.9	低贡献客户

以往，企业对于多因子分析一般采用积分制，把多因子转化为单因子进行分析，比较常见的是转化为客户等级，通过对一系列操作制定规则，如点赞、评论、签到、购买、晒单、转发、添加购物车等，根据不同操作对GMV（Gross Merchandise Volume，成交总额）贡献的权重不同，定义不同的积分，如点赞加1积分，购买加订单金额10倍的积分等，然后对累计积分进行分层，分析客户等级。不过，随着参数的增多、计算机算力的提高和业务规模的增加，这种根据人为规则进行多因子分析的方法逐渐被机器学习取代。

2．机器学习

随着特征参数（即业务指标）的逐渐增加，人工计算权重的方式不但准确性不高，而且更新速度慢，不能随着市场的变化进行优化。机器学习分为有监督机器学习和无监督机器学习。有监督机器学习可以有针对性地获得一些定量指标，如客户在企业微信社群内发言的频率、客户参与活动的频率、客户的下单次数和客单价等。企业可以根据多个指标对 GMV 的贡献值训练模型，自动推算该客户本年度可能贡献的 GMV 值，以此对客户分层，再把对应的分层标签实时更新到客户的企业微信标签中，从而对不同层级的客户有针对性地制定服务策略和推送消息。

无监督学习可以获得一些定性指标，根据客户的购买记录，如金额、频率、类目、渠道等，机器学习可以对购物特征进行聚类分析，然后人工分析不同聚类的购物特征，进而加工成人们可以理解的标签，如美妆达人、数码专家、居家暖男、爱车车主、家庭主妇等。图 7-7 所示为可视化的聚类分析。

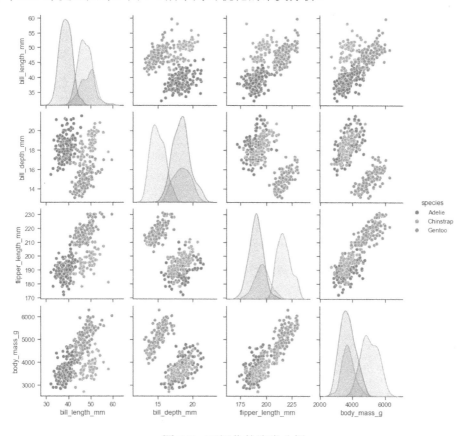

图 7-7　可视化的聚类分析

7.4 数据"引进来"

7.4.1 浏览历史

无论是网站、App 还是营销 H5 页面，都要支持微信登录，且企业要在微信开放平台中绑定对应的服务号和 App，客户才会关联。在客户关联后，企业要建立如表 7-7 所示的日志字段。

表 7-7 客户关联后建立的日志字段

UnionID	手机号	浏览页面标识	浏览深度	打开页面时间	跳出页面时间

基于浏览页面标识的关联字段有文章标题、封面图、文章分类、文章标签、文章字数、描述等，如表 7-8 所示。通过对日志字段的分析，企业能知道客户的阅读偏好、客户喜欢在什么时间浏览营销活动、什么推送时间的客户阅读率更高、客户对页面的浏览有多久或多深、客户是否对内容感兴趣等。

表 7-8 基于浏览页面标识的关联字段

文章标题	封面图	文章分类	文章标签	文章字数	描述

7.4.2 订单记录

微信域内的商城（如小商店、有赞商城等）是企业以自己为主体的小程序，只要绑定到微信开放平台中客户 ID 就能一致；对于天猫、京东、美团、携程、拼多多等平台中的订单，企业可以通过浏览器插件和接口、手动导出等整理订单数据，将其导入私域管家的 SCRM 系统中，然后通过发放优惠券引导客户填写手机号、客服人员在服务的过程中询问客户的手机号并备注到企业微信侧边栏中、留资表单等方式将客户的手机号与 UnionID 进行关联，之后的订单便可以实现自动关联并显示在企业微信侧边栏中，以便客服人员为客户提供更精准和个性化的服务。

企业要建立关于订单、商品的日志字段，如表 7-9 和表 7-10 所示。

表 7-9　关于订单的日志字段

UnionID	手机号	订单号	订单时间	订单总金额	是否有退货

表 7-10　关于商品的日志字段

订单号	商品名称	商品图片	商品一级类目	商品二级类目	商品三级类目

7.4.3　会话内容存档

企业微信推出的会话内容存档功能使分析会话内容成为现实，企业可以分析员工与客户的互动情况，有能力的企业可以开发会话内容存档功能，统计、记录如表 7-11、表 7-12、表 7-13 所示的信息。

表 7-11　会话内容存档统计数据

发送者	接收者	会话时间	群聊还是私聊	发言内容	聊天类型

表 7-12　客户互动分析

指　标	应 用 场 景
客户在社群内的发言次数	计算社群活跃度排行榜
最后一次会话的发送方是谁	提醒未回复客户的销售人员
客户最后一次发言时间	90 天后提醒员工回访客户

表 7-13　敏感词监控

作　用	应 用 场 景
风控	防止销售人员飞单、收回扣
	金融监管
	防止员工辱骂客户
自动归档	对聊天记录自动打标签
	收集新客户群中客户的自我介绍
	收集学习复盘
	确认群通知
	设置关键词进群
促活	社群签到。客户每天在社群内发送"签到"，系统自动计算积分，达到一定积分的客户可以领取奖品

7.4.4　员工活码

企业可以通过如图 7-8（a）所示的活码切面分析，清晰地观察使用同一个活码的不同员工的加粉率、留存率等；也可以通过如图7-8（b）所示的员工切面分析，观察同一个员工不同活动、不同渠道的加粉率、留存率等。

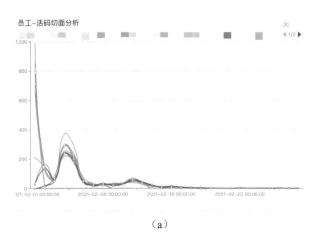

（a）

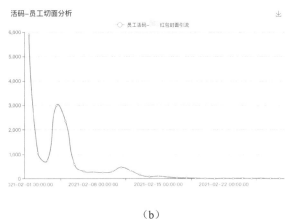

（b）

图7-8　员工活码切面分析

7.4.5　广告系统

早期的头部广告平台沉淀了大量的客户数据，能为企业提供非常丰富的客户画像，如年龄、性别、学历、婚恋、财产状态、消费水平、网络情况、周围的天气、常去的地点甚至居住小区的房价等。分众传媒等线下广告具有明显的 LBS 属性，如小区内、地铁站的广告。企业在投放广告的时候可以实现程序化，每一个广告单元、每一个电梯广告都有自带参数的员工活码，当客户通过扫描员工活码添加企业微信的时候，系统就会记录该客户的来源，并把如图 7-9 所示的广告系统中的定向人群标签（如居住小区的房价标签）打到该客户的资料中，之后企业便可以向该客户精准地群发个性化消息。

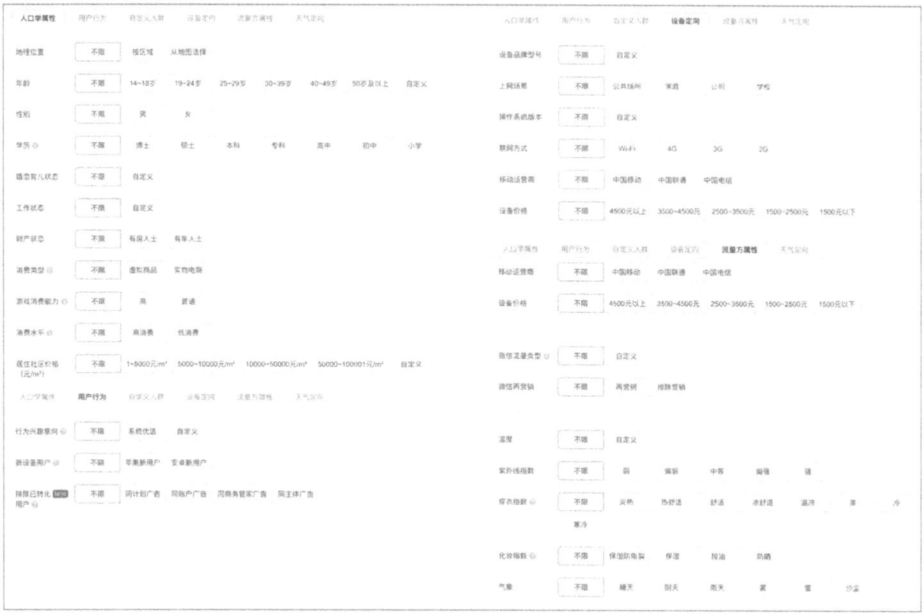

图 7-9　广告系统中的定向人群标签

7.4.6　登录方式

以前很多网站的登录方式是邮箱登录，在相关法律法规要求互联网发布内容实名制之后，大部分网站的登录方式改为手机号码登录。现在，如果企业想将私域流量和微信域流量真正关联起来，那么可以在官网的登录方式中增加服务号登录，如图 7-10 所示，这样就能打通私域流量了。

图 7-10　服务号登录官网打通私域流量

7.4.7 征信记录

很多公司能提供全方位的征信记录查询服务，企业可以在客户授权后通过这些公司的API，精准地对交易欺诈、恶意刷单、逾期不还款等多种风险客户进行标记，并在后续的裂变、发放优惠券等私域福利活动中过滤这部分客户。

7.4.8 第三方数据平台

垂直行业中有很多SaaS产品，如微信电商的SaaS产品、知识付费企业销售课程的SaaS产品、私域直播的SaaS产品、排队点餐的SaaS产品、微信小商店等，它们为企业提供了许多"开箱即用"的功能，如上架商品、课程、菜品等，也提供了商城、支付、直播、会员卡、优惠券等基础功能。企业可以选择一家能为自身业务需求提供服务的服务商，然后通过 UnionID 打通第三方数据平台中的会员、订单、库存等数据，形成丰富的用户画像，为私域运营提供数据支持，如图 7-11 所示。

图 7-11　通过 UnionID 打通第三方数据平台中的数据

7.4.9 留资表单

企业可以通过邀请客户填写表单和问卷，向其发放相应的奖励。通过表单和问卷，企业可以自动提取标签作为客户画像，如招聘企业的 HR 发送了一个表单，填写人填写了之前工作的企业，系统就可以根据填写内容自动对其打上"京东""腾讯""小米"等企业标签，当 HR 接到的招聘需求是"在京东工作过的人"时，就可以定向地向满足这一需求的人发送招聘信息。通过留资表单提取客户画像的步骤如图 7-12 所示。

（a）　　　　　　　　　　（b）　　　　　　　　　　（c）

图 7-12　通过留资表单提取客户画像的步骤

7.4.10　直播

企业微信直播为企业带来了丰富的开放接口，企业可以获取如表 7-14 所示的直播数据。通过这些数据，企业可以向直播观看时长排行榜的前几名客户发送奖品、对达到一定观看时长的客户打上"忠实客户"的标签等。客户通过评论可以获得积分，观看时长更长的客户获得更多的积分，这样企业就可以得出客户的成熟指数，成熟指数越高，客户的忠实度越高，销售转化的可能性越大。

表 7-14　企业可以获取的直播数据

维　　度	数　　据
	看了哪些直播
	评论了哪些直播
客户的维度	与哪些直播连麦了
	某一场直播的观看时长

续表

维　　度	数　　据
员工的维度	看了哪些直播
	评论了哪些直播
	与哪些直播连麦了
	某一场直播的观看时长
企业的维度	开了哪些直播
	直播观看人数
	直播评论条数
	直播评论人数
	直播连麦发言人数
	直播市场

7.4.11　人工标记

在与客户沟通的过程中，企业要深入了解客户的需求和状态，及时补充标签。例如，教育行业要及时了解客户孩子的学习状态和进退步情况；健身行业要及时了解客户的身高、体重、体脂率、饮食情况等信息，对客户打上偏瘦、偏胖或积极、消极等标签。

7.4.12　企业微信互动指标

如表 7-15 所示，企业微信提供了包括 7 种私聊基础指标和 7 种群聊基础指标的互动指标体系，企业可以通过对这些指标的二次整合得出一些更有特征的指标，如"客户流失率=删除成员的客户数/新增客户数""客户留存率=1-删除成员的客户数/新增客户数"。

表 7-15　企业微信的互动指标体系

聊天类型	基础指标
私聊	平均首次回复时长
	聊天总数
	发送消息数
	删除/拉黑成员的客户数
	发起申请数
	新增客户数
	已回复聊天占比

续表

聊天类型	基础指标
群聊	新增客户群数量
	截至当天客户群总数量
	截至当天发过消息的客户群数量
	客户群新增群人数
	截至当天客户群总人数
	截至当天发过消息的群成员数
	截至当天客户群消息总数

对于企业微信提供的这些互动指标，企业通过客户端或接口仅能查询 30 天内的数据，而借助第三方服务商平台（如语鹦企服）可以长期存储和调阅这些数据（如图 7-13 所示），还可以在一个或多个考核期内进行同比、环比分析。

私聊

平均首次回复时长(分钟)	聊天总数	发送消息数	删除/拉黑成员的客户数
14.00	689	1505	11064
同比 466.16% ↑	同比 298.27% ↑	同比 196.84% ↑	同比 98.99% ↑

发起申请数	新增客户数	已回复聊天占比	
8	20274	4.67	
同比 14.29% ↑	同比 70.66% ↑	同比 256.14% ↑	

群聊

新增客户群数量	截至当天客户群总数量	截至当天发过消息的客户群数量	客户群新增群人数
66	2949	2295	13559
同比 69.23% ↑	同比 320.09% ↑	同比 938.46% ↑	同比 88.06% ↑

截至当天客户群总人数	截至当天发过消息的群成员数	截至当天客户群消息总数	
355196	41088	356340	
同比 857.69% ↑	同比 172.23% ↑	同比 84.00% ↑	

图 7-13　企业的互动指标数据

7.5　数据"走出去"

7.5.1　客户留存分析

企业可以根据以上数据，计算在一段时间内有多少新增客户及多少客户删除了员工的企业微信，从而将得出的客户留存率作为重要的评估指标。通过客户留存率，企业可以生成员工服务质量排行榜，根据客户的拉黑次数及时发现客户比较讨厌的客服人员或销售人员，管理层可以进一步采取干预措施，甚至结合企业微信会话内容存档功能对该员工与客户的会话内容进行审查，发现问题根源。企业既可以根据自身需求自行研发这些功能，也可以直接使用第三方服务商（如私域管家的 SaaS 系统）的功能，如图 7-14 所示。

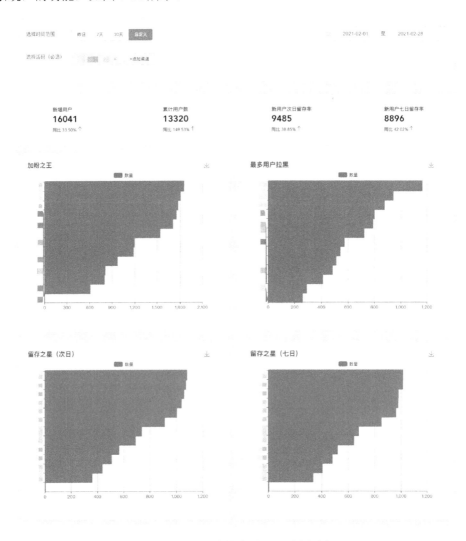

图 7-14　某私域管家的活码分析功能

7.5.2　社群分析

除了添加客户，还有一部分重要的运营动作是发生在社群内的，如社群打卡、裂变等活动。除了裂变率、任务完成度等指标，比较基本的指标是进退群的数据。通过让员工在某个时间点发送一条广告或一个小知识，企业可以精准地掌握这一群发消息对客户留存的影响，它是让更多客户把朋友拉进社群，还是让更多客户退群了。企业也可以通过筛选、对比不同群主名下社群的留存率和净进群数等数据进行社群人数曲线分析，作为考核不同运营人员的指标，如图 7-15 所示。

图 7-15　社群人数曲线分析

7.5.3　性别分析

在私域运营的过程中，企业可以对客户性别打上不一样的标签，如女性私护用品的活动限制男性客户参与。除了企业微信资料中的客户性别，若企业有更可靠的性别资料，则应以自己的资料为主，如酒店等拥有实名登记业务的企业。

企业可以对通过不同社群、不同渠道、不同员工添加的用户的性别进行统计分析，如图 7-16 所示。

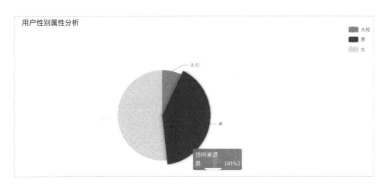

图 7-16　某员工的用户性别属性分析

7.5.4　渠道分析

企业在进行渠道投放的时候，可以在落地页中设置不同的员工活码或企业微信"联系我"活码进行差异化投放，对渠道投放效果进行跟踪分析。以员工活码为例，通过分析不同渠道的投放效果，企业不仅能看到每日投放效果，还能横向对比各个渠道的投放效果差异，进而优化投放策略，摒弃投放效果差的渠道。各渠道效果分析如图 7-17 所示。

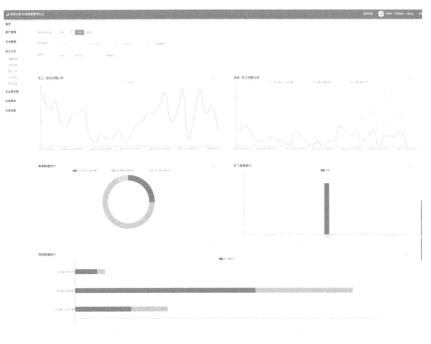

图 7-17　各渠道效果分析

7.5.5 购物偏好分析

企业可以根据客户的购物偏好打上不同的企业微信标签，制定不同的运营策略，如表 7-16 所示。

表 7-16 根据客户的购物偏好制定不同的运营策略

交 易 记 录	企业微信标签	推 送 消 息
购买了婴儿奶粉	0～1 岁	①育婴小知识点； ②名医健康指点； ③小儿推拿课程； ④宝宝爬行比赛
购买了儿童车	3～4 岁	①早教课程； ②促进智力发育的膳食配方； ③家务技能比赛，如叠衣服比赛等
购买了营养师课程	营养师	①每日菜谱推荐； ②应季健康小知识； ③健身课程推荐
购买了电饭锅	家庭主妇	①推荐菜谱； ②推荐压力锅； ③推荐"网红"沥水器
购买了 iPhone12、iPad、外星人笔记本、RTX2080 显卡	高端数码产品爱好者	①Apple 最新动态； ②iOS 应用推荐； ③数码产品资讯

7.5.6 复购率提升

以老乡鸡为例，老乡鸡通过客户在餐厅扫码支付的方式，利用系统记录客户最后一次到店消费的时间。当客户在 60 天内没有到店消费时，系统就会对这些客户打上"沉睡客户"的标签。通过向沉睡客户发送优惠券和折扣信息，老乡鸡激活了 5%的沉睡客户，让其进行复购，为门店创造了 12 万元的营业额，且有一部分沉睡客户产生了持续消费行为。

7.5.7 精准广告投放

以腾讯广告平台为例，企业可以通过它创建定向人群包：首先需要人工导出或从企业微信第三方应用后台中圈选具有某些标签或符合某些条件的客户群；然后导出客户群的 UnionID 列表，将其制作成定向人群包；最后打开腾讯广告平台的 DMP-数据管理平台，依次点击"我的人群"—"人群上传"，如图 7-18 所示。

图 7-18　腾讯广告平台创建定向人群包

如图 7-19 所示，管理员选择"微信 UnionID"的数据类型，然后导入手工整理的或从企业微信第三方应用后台中导出的人群包，即可创建用于广告投放的自定义人群包。企业可以精准地向某个标签下的客户、某个社群内的客户、某个社群内的客户的好友、买过某个商品的客户的好友等推送广告。

图 7-19　选择"微信 UnionID"的数据类型

7.5.8　风控

通过对数据的分析，企业可以知道哪些人买了图书看完就退货、买了衣服拍一条展示视频就退货，哪些人经常给差评，哪些人在社群内刷广告等。与投放广告定向人群包类似，企业也可以制作风控定向人群包，在后续的运营活动中，禁止这些人领取优惠券、下单购买商品、进行小额贷款、浏览小程序和 App 中的内容，不对这些人生成裂变海报、推送文章和广告，以及不允许这些人参与线下聚会报名等。

7.5.9　绩效考核

企业在使用企业微信时，可以将员工的客户服务数据沉淀下来，如平均首次回复时长、聊天总数、发送消息数等，针对互动、浏览、交易、复购等数据，对部门或员工进行不同维度的绩效考核分析，如图 7-20 所示。

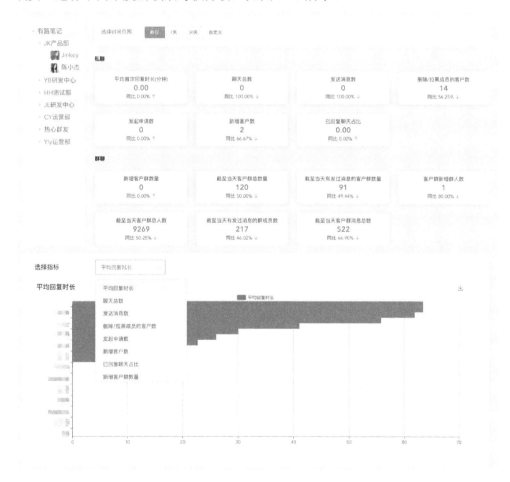

图 7-20　不同维度的绩效考核分析

总之，企业可以通过对客户自然属性、客户行为记录的广泛收集和积累，进一步对数据进行统计分析得出客户统计属性，刻画清晰的客户画像，形成准确的客户分层，以便推出有针对性的营销推广方案，减少无关信息对客户的打扰。企业也可以从浏览历史、互动历史和交易历史等多个维度把原始数据导入系统，通过客户浏览的文章内容、点赞互动的文案或交易的商品关键词及属性，归纳总结客户的偏好，为客户打上标签，再利用这些分层的标签画像分析客户的活跃时间、性别比例、购物偏好等。企业要把数据利用起来，通过数据指导精准营销、广告投放甚至绩效考核，为数字化营销提供坚实的数据支撑。

第 8 章

行业案例：知己知彼，百战不殆

通过上文的内容，相信你已经对企业微信有了比较全面的认识，只不过还不能直观地感受企业微信究竟应如何运用到私域流量的运营中。在第 8 章中，我将分享几个经典的企业微信私域运营案例，让你直观地学习如何用企业微信打出一套"组合拳"。

8.1 餐饮：乐凯撒用企业微信月涨 10 万个粉丝的社群玩法解析

本章的第一个经典案例是比萨品牌乐凯撒。首创榴梿比萨并在广州、深圳、惠州、南京等地拥有多家连锁店，开通了 130 家直营门店的乐凯撒，在新冠肺炎疫情期间，通过企业微信多渠道引流及社群运营玩法实现了营销闭环，仅用一个月就涨了 10 万个粉丝，客户复购率从 19.1%提高到 29.4%。乐凯撒是如何做到这些的呢？

8.1.1　多渠道导流，打造企业微信私域流量池

乐凯撒发现，客户在新冠肺炎疫情期间点外卖的比例高达 70%，如何抓住这批线上流量并高频触达客户成了乐凯撒亟待解决的问题。由于企业微信自带打通微信、高效触达客户及打通社群、小程序、公众号等属性，因此成为乐凯撒沉淀私域流量的首选。乐凯撒通过门店引流、小程序引流等方式，将客户统一添加到企业微信中并建群维护。

1. 门店引流：扫码领 20 元优惠券

乐凯撒在门店桌贴上放置了店长的企业微信二维码，在客户扫码添加店长的企业微信后，店长会自动发送入群邀请和 20 元现金券，如图 8-1（a）所示。乐凯撒通过这种方法将线下门店的流量引到线上的企业微信，为客户的复购打下了基础。

（a）　　　　　　　　　　　　　　　　（b）

图 8-1　门店桌贴放置店长的企业微信二维码进行引流

2. 获取暗号特权，小程序下单赠菜

对于乐凯撒来说，小程序的流量同样不可小觑。当客户通过小程序下单时，页面会提示客户输入暗号可以获取特权。若客户还不是群友，则不能输入暗号，需要先如图 8-2（a）所示添加乐凯撒工作人员的企业微信为好友，再如图 8-2（b）所示进群获取暗号，才可以享受群友特权。同时，乐凯撒可以将小程序中的客户引到企业微信社群内进行集中管理。

（a）　　　　　　　　　　　　（b）

图 8-2　小程序暗号特权引流

8.1.2　多重玩法，保持社群活跃度

将客户引流到企业微信中后，保持客户在社群内的活跃度关系到乐凯撒的客单价和产品复购率。乐凯撒通过定期的晒单返券活动和不定期的各种活动，有效地保持了社群的活跃度。

1．晒单返券，锁定二次复购

乐凯撒会如图 8-3（a）所示邀请客户在社群内主动晒单，凡是参与晒单的客户在隔天上午 9 点前会收到一张满 120 元减 20 元的优惠券，如果晒单的客户没有收到优惠券，那么可以在社群内@脸大的小榴榴进行反馈，小助理（自动回复机器人）会提醒客户"记得添加群主为好友"领取优惠券，如图 8-3（b）所示。这个玩法使用了企业微信的关键词自动回复机器人功能，有效降低了人力成本。晒单返券的玩法既鼓励了客户自发地在社群内宣传产品，又锁定了客户的二次复购。

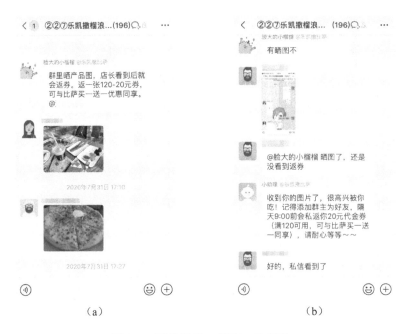

图 8-3　晒单返券，锁定二次复购

2．不定期活动，激活社群

另外，乐凯撒不定期推出的"9.9 元抢 100 元券"（如图 8-4 所示）"拼团买一送一"等活动，也提高了社群的转化率。其中"9.9 元抢 100 元券"的活动包含满 100 元减 50 元、满 100 元减 30 元、满 100 元减 20 元的优惠券各一张，仅这一个活动就销售了 54 万张优惠券，其中 80%的销量来自私域流量，如社群、小程序、公众号等。

图 8-4　不定期活动，激活社群

3．联动社群，提高公众号打开率

乐凯撒还会在社群内预告公众号近期即将推出的活动，包括引导客户关注新品（如图 8-5 所示）、参与留言抽奖送比萨等，这样既宣传了产品，又为客户带来了福利，同时有效地提高了公众号的打开率，可谓"一举三得"。

乐凯撒通过上述几个简单的玩法，实现了企业微信私域流量的自动化引流，辅以社群运营和转化，在通过企业微信发放优惠券的情况下，客单价反而提高了 5 元，复购次数也从人均 1.3 次提高到了人均 1.5 次。

我们可以清晰地看到，乐凯撒在私域流量运营的过程中使用的企业微信功能有渠道活码、自动通过好友、自动邀请进群、入群欢迎语、关键词自动回复机器人等，除了入群欢迎语、关键词自动回复机器人是企业微信自带的功能，其他功能通过第三方应用即可轻松实现。

企业创建员工活码并对外投放，客户扫码添加员工即可自动与员工互为好友，员工的企业微信会自动邀请客户进群，如图 8-6 所示。此外，企业还能在不同的渠道中设置不同的员工活码，邀请客户加入不同的群，并对客户打上不同的渠道标签，非常方便实用。

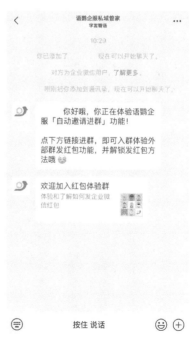

图 8-5　联动社群，提高公众号打开率　　　　图 8-6　自动邀请进群

8.2 零售：屈臣氏是如何成功引流 300 万个线下客户的

屈臣氏是屈臣氏集团下的一个旗舰品牌，在亚洲和欧洲经营约 8000 家门店（其中超过 1500 家门店提供专业药房服务），业务范围覆盖食品、饮品、香水、化妆品、日用品、保健产品、美容产品、电子产品等。屈臣氏在中国内地拥有超过 4100 家门店和 6300 万个会员，是国内知名度很高的保健及美妆产品零售连锁店。

2020 年新冠肺炎疫情期间，口罩、消毒液、洗手液等成为紧缺产品，各大药店供不应求。屈臣氏通过刚需引流等方式，成功引流 300 万个线下客户。下面我们一起来看一看它是如何做到的。

8.2.1 刚需引流：添加企业微信获取到货通知

屈臣氏洞察了新冠肺炎疫情期间客户的急切刚需，在门店中摆放企业微信二维码，告知客户添加企业微信可以第一时间获取防疫物资到货通知，如图 8-7（a）所示。客户为了在第一时间购买这些紧缺产品，会很愿意添加屈臣氏的企业微信，如图 8-7（b）所示，大大提高了企业微信的加粉率。

（a）　　　　　　　　　　　　　　　（b）

图 8-7　添加企业微信获取防疫物资到货通知

事实上，在这一加粉环节中，屈臣氏还可以使用企业微信的自动通过好友和打标签功能，优化客户体验。

1. 自动通过客户的好友申请

员工需要进入企业微信 App 中的"我"—"设置"—"隐私"页面，将"加我为联系人时需要验证"按钮关闭，如图 8-8 所示。这样在客户扫码添加屈臣氏的企业微信时，员工无须进行任何操作即可自动通过客户的好友申请。

图 8-8　关闭"加我为联系人时需要验证"按钮

需要注意的是，以上方法只能自动通过客户的好友申请，不能自动双向添加对方为好友，想要将客户回加到通讯录中，员工还需要手动点击"添加"按钮才行，如图 8-9 所示。如果客户数量较少，员工还添加得过来；如果客户数量较多，员工一个个点击"添加"按钮还是很耗时的。我会在下文中分享一个自动双向添加好友的方法。

图 8-9　点击"添加"按钮才能将客户回加到通讯录中

2. 对客户打标签精准运营

当客户扫码添加屈臣氏的企业微信时，员工可以为客户打上类似"口罩""消毒液"的标签，等防疫物资一到就可以向客户发送到货通知，实现精准运营。

不过，如果屈臣氏使用企业微信二维码名片进行引流，那么以上两项操作都需要员工手动进行。面对如此庞大的客户量，企业能否实现自动双向添加好友和自动打标签呢？

答案是肯定的，企业只需要通过企业微信第三方服务商创建员工活码（如图 8-10 所示）并投放到线下门店中，在客户扫码添加员工为好友后，就可以实现自动双向添加好友和自动打标签了。

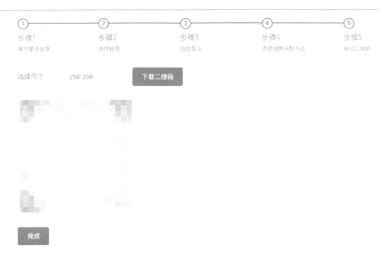

图 8-10　通过企业微信第三方服务商创建员工活码

不仅如此，员工活码还支持一码关联多位服务顾问，客户扫码即可随机添加其中一位服务顾问，实现客户动态分流，提高服务质量。若出现服务顾问离职的情况，企业也可以在第三方管理后台中动态更换服务顾问，而线下投放的员工活码无须更换，长期有效。

8.2.2　多渠道引流：添加专属导购

除了刚需引流，屈臣氏还通过小程序、公众号和订单支付页面等，实现多渠道、多方位引流。

1. 小程序商城：随机分配美丽顾问

屈臣氏在如图 8-11（a）所示的小程序商城顶部放置了专属顾问按钮，客户点击如图 8-11（b）所示的"咨询导购"按钮，即可随机查看并添加一名专属顾问的企业微信，如图 8-11（c）所示。

2．线下门店：关注公众号领取优惠券

在线下门店中，屈臣氏通过发放优惠券引导客户关注公众号。在客户关注后，公众号聊天页面会自动弹出小程序商城，客户点击即可添加导购领取优惠券。这样，屈臣氏就实现了将门店客户引到公众号、小程序和企业微信中的三级留存。

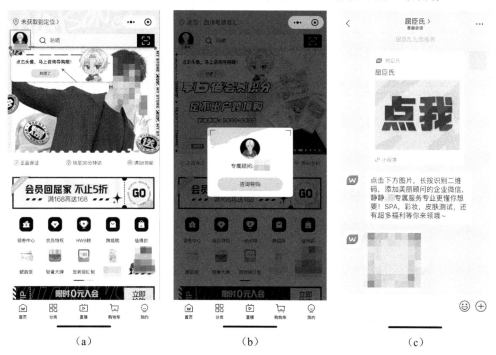

（a）　　　　　　　　　（b）　　　　　　　　　（c）

图 8-11　小程序商城随机分配专属顾问引流

3．支付成功：扫码联系商家导购员

在订单支付环节中，屈臣氏植入了添加导购员企业微信的入口，客户在支付成功后会收到如图 8-12（a）所示的微信支付通知，点击通知卡片即可如图 8-12（b）所示联系导购员。

屈臣氏结合福利活动进行引流，通过"线下门店→公众号→小程序→企业微信（承接和营销）"的引流链路，实现了营销闭环，在不到一年的时间内，通过企业微信让全国 2 万多个导购员连接了 300 万个客户，并在 2020 年妇女节创下了单日

GMV 破千万元的纪录。

（a）　　　　　　　　　　　　（b）

图 8-12　支付成功通知页面植入企业微信二维码引流

8.3　食品："天价"雪糕钟薛高企业微信私域运营拆解

你吃过 66 元一支的雪糕吗？据说钟薛高最贵的一支雪糕是 66 元，"天价"雪糕曾引起一番热议。虽然价格非同寻常，但钟薛高（其品牌 Logo 如图 8-13 所示）天猫旗舰店仍有 216 万多个粉丝（截至我撰写本书时），累计访问量达 4 亿多人次，单日访客量最高达 361 万多人，2020 年售出雪糕 3400 多万支，从 2019 年至 2020 年，钟薛高连续斩获了 11 枚被誉为"舌尖上的奥斯卡"的比利时 ITI 美味奖章。为了巩固与客户的关系，钟薛高选择用企业微信搭建私域流量池，通过社群运营与客户建立紧密的关系，刺激客户复购产品。

图 8-13　钟薛高品牌 Logo

8.3.1　投放朋友圈广告转化客户

钟薛高经常如图 8-14 所示投放朋友圈广告进行获客，用疑问句文案引起客户的思考，封面突出钟薛高"回"字形的雪糕设计，标签展现"限时折扣""满减进行中"等容易刺激客户行动的文案。经过长途运输，客户最担心的是雪糕融化的问题，钟薛高对客户的心理有着深刻的洞察，所以在文案中写明"融化包赔，售后无忧"。

图 8-14　投放朋友圈广告进行获客

8.3.2　个人名片打造移动化宣传窗口

图 8-15 所示为钟薛高员工的企业微信，员工以"钟晓雪"为微信名并自称"社

群福利官"，企业信息已通过企业微信商标认证，显示企业名称"钟薛高"并带有小绿标，让客户知道这是钟薛高的官方企业微信，大大提高了客户对员工的信任度和对品牌的感知度。

图 8-15　钟薛高员工的企业微信

此外，企业微信个人名片还支持显示工作时间、历史朋友圈入口等信息，不仅可以让客户了解员工的在线时间，还可以让企业通过历史朋友圈展示品牌和产品信息，而官方商城入口让客户下单更方便。

8.3.3　多样化朋友圈强化品牌效应

在朋友圈运营中，钟薛高也通过发起小调研、点赞送福利、限时秒杀、新品首发等活动与客户产生多样化的互动，在送出福利的同时宣传品牌、促成转化。

1. 发起小调研引导互动

钟薛高在朋友圈运营中积极调动客户的参与感，经常在朋友圈中发起小调研。图 8-16（a）和图 8-16（b）所示为钟薛高询问客户"上架哪几个口味的雪糕组合系列""新系列取什么名"等问题，让客户"云 DIY"产品，有了参与感，客户对品牌也会更加忠实，毕竟这是自己"参与研发"的产品。

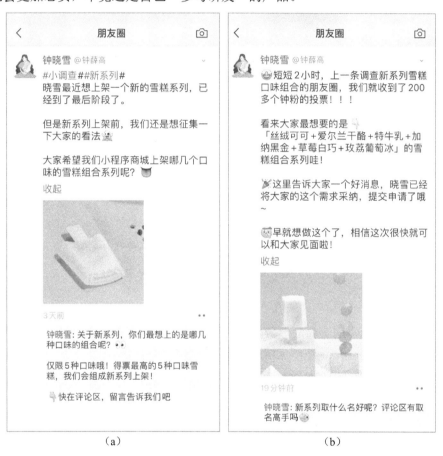

（a）　　　　　　　　　　　　　（b）

图 8-16　钏薛高发起小调研引导互动

2. 朋友圈点赞送福利

除了发起小调研，钟薛高还经常在朋友圈发送"宠粉福利"。钟薛高在如图 8-17（a）所示"深夜送福利"的同时，也传递了新产品即将上线的信息，提醒客户保持对新产品的关注。

（a）　　　　　　　　　（b）　　　　　　　　（c）

图 8-17　钟薛高朋友圈点赞送福利

钟薛高的这一活动有以下几点值得我们学习。

① 员工要利用朋友圈的点赞功能"盖楼霸屏"，让客户发现"咦？我的微信好友居然也是这个品牌的粉丝"，从而提升客户对品牌的信任度。

② 设计"第 8、第 18、第 28 位点赞的客户可以获得一个冰箱贴"的规则，既让中奖人员通过随机产生，又保证了抽奖的公平性。企业应避免使用自身的小程序或网页抽奖，否则容易引起客户的怀疑。

③ 员工在活动结束后公布中奖名单，体现活动的公开、透明。

④ 员工评论上一条送福利的朋友圈消息，二次触达点赞的粉丝并附上下单链接，以达到转化目的。

在上述点赞送福利的活动中，钟薛高已经完成了活动的造势，吸引了大批客户的点赞和关注，通过在发起抽奖活动的朋友圈消息的评论中直接公布中奖名单，之前点赞的客户会在个人朋友圈中收到消息提醒，不会错过中奖信息；同时，钟薛高趁势附上新系列产品的下单链接，引导客户购买，进一步提高了产品的曝光率和转化率。由于参与点赞活动的基本上是对雪糕感兴趣的客户，因此通过这种客户乐于接受的方式再次触达客户，不仅不会引起客户的反感，还有利于强化客户对品牌的记忆。

总之，钟薛高的朋友圈点赞送福利活动，可以作为大部分企业进行朋友圈福利活动宣传的范本。该活动表面上送的是冰箱贴的福利，实际上是为了新系列雪糕的宣传造势和客户转化。另外，我们知道钟薛高雪糕的单价并不便宜，最贵的一支雪糕是 66 元，如果点赞直接送新系列雪糕，虽然会让客户参与活动的积极性更高，但一是活动成本会相应提高，二是客户也容易养成占便宜的习惯，想着"反正下次还有这样的活动，不妨等一等，也许下次就抽中我了"，反而会对企业造成不利的影响。

钟薛高的点赞送福利活动设计得非常巧妙，通过送周边产品"冰箱贴"吸引客户的注意并宣传新产品，既强化了品牌记忆，又控制了活动成本。其他企业可以从中学习到一点：当企业的主产品单价相对较高时，可以通过赠送周边产品宣传造势。

我在 5.1.2 节中也分享了"朋友圈点赞送福利"的方法论和具体操作方法，有需要的企业可以结合钟薛高的案例进行理解并灵活运用。

3. 限时秒杀，多方位触达

钟薛高每周三会发布秒杀活动，每一款雪糕都有一个清新唯美的名字，与钟薛高倡导健康生活的价值观非常吻合。除了通过社群秒杀进行多方位触达，钟薛高还通过朋友圈发布秒杀活动，给目标客户一个不屏蔽钟薛高朋友圈的理由，并在发布活动的同时介绍产品，如图 8-18 所示。我们能从中得出以下 3 个可以借鉴的技巧。

① 企业固定在某一天发布秒杀活动，养成客户的消费习惯。
② 朋友圈消息利用"正文+评论"霸屏，避免正文被折叠只能展示部分信息。
③ "活动+种草"进一步宣传产品。

4. 朋友圈新品首发

钟薛高经常在朋友圈发布新品首发活动，同时结合点赞活动筛选出感兴趣的客户，让客户在第一时间收到新品上架通知并引导其下单，如图 8-19 所示。

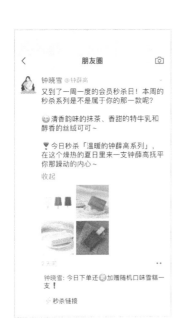
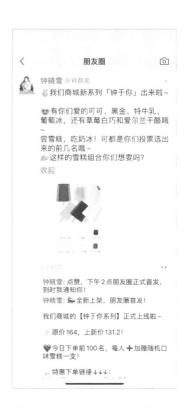

图 8-18　钟薛高通过朋友圈发布秒杀活动　　　图 8-19　朋友圈新品首发活动

8.3.4　社群运营促进转化、复购

钟薛高走的是发单群的私域路线，前期大量的运营动作铺垫是为了实现最终交易转化的目标。社群内会不断发布优惠信息和产品上新信息，客户通过社群或直接点击社群福利官的微信头像即可在个人名片中的官方商城处找到下单入口。此外，如图 8-20（a）所示，社群福利官不仅把群昵称改为"钟晓雪（戳我头像下单，私我领券）"，还会在社群内重复"点我头像可以下单"，强化客户对下单路径的印象，缩短了客户的交易链路，提高了交易转化率。接下来我们看一看钟薛高具体是如何运营社群的。

1．社群概况

① 社群名称：钟晓雪宠粉基地。

② 性别比例：男女比例约为 1∶2。

③ 加粉速度：约为 40 人/天。

④ 社群模式：发单群的私域路线（加粉→进群→发优惠券和商品链接→客户下单）。

图 8-20　社群福利官强化"戳我头像下单"

2．入群欢迎语

钟薛高在将客户拉进社群后会自动发送如图 8-21 所示的入群欢迎语，发送间隔时间在 3 分钟左右。入群欢迎语的文案清晰地阐明了社群的价值点，包含三部分内容：一是欢迎仪式，二是社群福利活动（如抽奖、秒杀、免费抽雪糕、朋友圈不定期发福利等），三是引导客户买雪糕可以先私信领券，给客户一个专属的领券通道。钟薛高在入群欢迎语中还埋了一个优笔，即引导客户多戳员工头像打开朋友圈查看福利，提高广告的曝光率。

3．群公告

钟薛高的群公告主要公布每天的重点活动，正如入群欢迎语所说的那样，每周一和每周三有固定的、不同的活动。企业通过群公告发布活动信息，可以起到提醒社群内所有客户的作用，提高消息触达率，如图 8-22 所示。

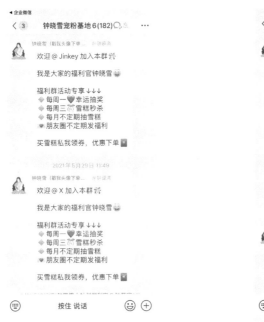 

图 8-21　钟薛高宠粉基地自动发送入群欢迎语　　图 8-22　通过群公告发布活动信息

4．多管理员模式

钟薛高的社群运营管理设置了多个管理员，如"钟晓雪｜社群福利官""小雪糕"等。图 8-23 所示为多管理员模式，一是可以分担社群压力，二是可以有效避免账号触发企业微信的风控禁言规则，导致群主不能在社群内发言，无法发送欢迎语，又不能设置其他管理员，最终出现社群舆论失控的现象。这里重点说明一下第二点：企业提前设置多个管理员，即使之后群主账号被禁言，其他管理员仍能正常完成管理社群、发布消息、添加客户等工作，避免社群管理出现异常影响业务的正常开展。

5．社群抽奖

钟薛高每周一会在社群内发布抽奖活动，如图 8-24（a）所示，活动取名为"钟爱粉抽奖"，员工在中午提前预告，下午正式开始抽奖。图 8-24（b）所示为钟薛高使用自己的小程序工具进行抽奖，抽奖次数可以通过签到获得积分来兑换，钟薛高设置了如图 8-24（c）所示的商城积分、定制冰箱贴、定制笔记本、喷雾水杯、优惠券等与雪糕的"冷""吃"等品牌特性强关联的奖品，既培养了客户常在小程序中签到赚积分的习惯，又通过抽奖赠送福利或优惠券锁定了客户的二次转化，一举两得。

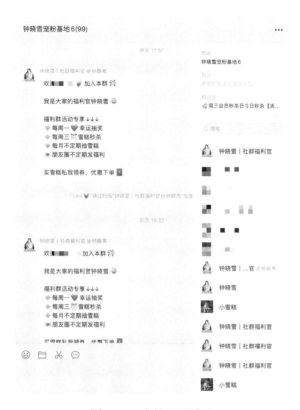

图 8-23　多管理员模式

（a）

（b）

（c）

图 8-24　钟薛高"钟爱粉抽奖"活动

6. 趣味问答

钟薛高在社群内会不定期地设计一些趣味问答。如图 8-25（a）所示，每题有三次答题机会，客户在全部答对后可领取 25 元无门槛优惠券和 20 积分。钟薛高的趣味问答设置得很有技巧：首先，问题数量设置为 6 道，避免因数量过多使客户产生厌烦情绪，影响完成率，也避免因数量过少使回答难度太低；其次，问题难度适中，如图 8-25（b）所示，大多数客户可以根据产品颜色猜出答案，没吃过钟薛高雪糕的客户也能答对，即使答错了也可以重新回答，不会使客户产生受挫心理；最后，趣味问答还让客户加深了对钟薛高的产品种类、口味、特性、包装等的认知，这不是简单粗暴地送福利，而是潜移默化地影响客户。

（a）　　　　　　　　　　　（b）

图 8-25　社群趣味问答

（c）　　　　　　　　　　　　　　（d）

图 8-25　社群趣味问答（续）

7．好物种草

钟薛高种草雪糕主要以如图 8-26 所示的文本描述为主，分享雪糕入口后的体验，调动客户的视觉、嗅觉、味觉等感受，让客户即使隔着屏幕也仿佛能感受到钟薛高雪糕的美味和清凉，从而引导客户下单。

8．防骚扰

如图 8-27 所示，当有人在社群内发广告时，钟薛高的社群管理员没有马上进行干预并将发广告的人移除，可见该社群没有开启防骚扰自动踢人功能，而是采用了人工维护的模式。企业在选择是否开启防骚扰自动踢人功能的时候，需要在提高成本与保护客户之间进行权衡，像钟薛高这种人工维护的模式，误伤率相对较低，不会对品牌重视的客户造成误伤，但是需要投入的人力成本较高。

图 8-26　好物种草引导客户下单　　　　图 8-27　对于社群广告未及时处理

我还观察到，因为有人发广告，该社群的群主在某段时间内设置了"群聊邀请确认"，之后社群就没有增加新的客户了。因为一旦设置了群聊邀请确认，之前投放的群活码就会失效，导致新客户无法进群。所以我不建议在社群没满 200 个人或社群还在使用群活码的时候设置群聊邀请确认，这样会影响客户进群，得不偿失，企业可以利用配置防骚扰规则和共享黑名单等功能清除非目标客户。

总之，钟薛高在朋友圈运营和社群运营方面的经验是很值得学习的。在将公域（天猫、小红书、线下门店、朋友圈广告等）流量引流到企业微信私域社群的过程中，钟薛高降低了反复触达客户的宣传成本，并在社群内通过种草产品、限时秒杀等活动提高了客户的忠诚度和复购率。

8.4　餐饮：大师兄餐饮，如何做到激增 20 万个会员，复购率高达 50%

2020 年，由于新冠肺炎疫情的影响，仅春节 7 天餐饮业就损失 5000 亿元，很多餐饮门店长达数月没有开门营业。反观大师兄餐饮，却做得风生水起，借助企业微信激增 20 万个会员，复购率高达 50%。下面我来介绍一下大师兄餐饮的企业微信营销秘诀。

大师兄餐饮成立于 2017 年，主营凉皮、肉夹馍、臊子面等，特色产品是西北手工面。由于外卖对手工面的口感影响很大，经营者决定主推堂食销售，但在外卖盛行的时代，这显然是一件非常困难的事。因此经营者又决定利用企业微信和微信的互通能力创建社群，与客户建立情感联系，并通过社群与客户进行互动，发起促销活动，从而带动消费。

8.4.1　社群引流积累线上流量

1．扫码进群领取福利

为了让更多的客户加入企业微信社群，大师兄餐饮在店内的每张桌子上贴了两个二维码，一是很常见的点餐二维码，二是群活码，并配上图文告知客户扫码进群可以领取福利。

大师兄餐饮以如图 8-28 所示的葱花饼为福利，原价为 49 元/盒的葱花饼，企业微信群友专享价为 29 元/盒，群友到店出示群友"特权"即可将葱花饼带回家。通过发送群福利、优惠券等方式，大师兄餐饮在短短两个月的时间内，建立了 400 个企业微信社群，积累了 8 万多个群友。

2．新店开业"圈粉"

在大师兄餐饮的每个新店开业前，群友还会在企业微信社群内收到管理员一键群发的新店开业活动信息，如图 8-29 所示。大师兄餐饮通过设置规则，让群友裂变转发"开业海报"宣传社群，群友完成活动任务即可领取福利，从而实现快速"圈粉",不但能刺激"老带新"（老客户带来新客户），还能让更多人知道新店开业的信息。

图 8-28　群友专享 29 元/盒的葱花饼　　图 8-29　新店开业"圈粉"活动信息

　　有裂变需求的企业还可以通过企业微信第三方服务商的裂变系统实现更加便捷的"圈粉"。裂变系统支持自动生成如图 8-30（a）所示的客户专属海报，客户如图 8-30（c）所示邀请好友助力完成任务，即可如图 8-30（d）所示兑换奖品，非常方便。此外，裂变系统还支持动态添加多个员工号、多个服务号实现分流，避免账号因涨粉过快导致功能受限。

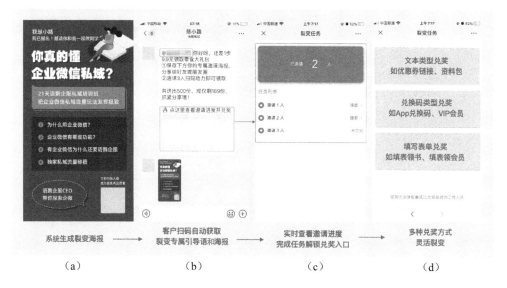

系统生成裂变海报 →	客户扫码自动获取 裂变专属引导语和海报 →	实时查看邀请进度 完成任务解锁兑奖入口 →	多种兑奖方式 灵活裂变
（a）	（b）	（c）	（d）

图 8-30　通过裂变系统实现更加便捷的"圈粉"

8.4.2　社群运营互动刺激复购

1．对暗号送小菜

为了刺激客户消费，大师兄餐饮将每周三作为会员日，并利用企业微信的一键群发功能通知客户，客户在当天只需要在小程序订单支付页面暗号栏输入暗号"周三会员日"即可到店免费领取小菜一份，如图 8-31 所示，且大师兄餐饮会每周更换免费小菜。在免费小菜的吸引下，大批客户到店消费，在短短一个月的时间内，大师兄餐饮赠送了 10 万多份小菜，也就意味着有 10 万多个客户到店消费。

2．每月"霸王餐"

为了吸引更多的客户到店消费，除了社群暗号，大师兄餐饮还推出了"每月霸王餐"的活动，如图 8-32（a）所示。客户在每个月的 1、2、3 日，如图 8-32（b）所示到店充值当餐消费金额的 3.5 倍即可当餐免费吃。在实惠的"霸王餐"福利下，很多客户都愿意充值。与 6.2 节提到的预充值会员卡策略类似，一旦客户将金额充到会员卡中，大师兄餐饮就锁定了客户的长期价值，客户会想着用卡中的余额消费，从而成为忠实客户。

图 8-31　对暗号送小菜

（a）　　　　　　　　　　　　　（b）

图 8-32　"每月霸王餐"的活动

3. 会员日爆款：9.9 元的酱大骨

为了吸引更多的客户成为会员，大师兄餐饮在会员日会推出 9.9 元的酱大骨，如图 8-33（a）所示。只要是会员日，会员便可用 9.9 元购买原价 16 元/块的大师兄餐饮经典菜品酱大骨。酱大骨会员活动让大师兄餐饮即使在工作日也能迎来客流小高峰，随之而来的是会员数量激增至 20 万个。

图 8-33　大师兄会员尊享 9.9 元的酱大骨

不难看出，大师兄餐饮的成功离不开企业微信社群的力量。大师兄餐饮通过企业微信社群不断积累粉丝、组建社群，形成了庞大的会员量，最终打赢了这场大战。

8.5　食品：洽洽食品借助企业微信高效盘活社群

如今，很多企业认识到了企业微信的重要性，纷纷转战企业微信开展营销活动。洽洽食品作为休闲食品行业的头部品牌，在长期保持行业领先地位的同时，紧跟时代趋势，加入了企业微信"玩家"的行列。在活跃客户和留存客户方面，洽洽食品的企业微信玩法可谓丰富多彩。下面我们一起来看一看洽洽食品如何借助企业微信高效盘活社群，以及它有哪些玩法值得借鉴。

8.5.1 入群即送新人福利

在新客户加入企业微信群聊时，洽洽食品会通过入群欢迎语赠送两种优惠券，一是有效期为 3 天的无门槛优惠券，二是满 49 元减 20 元的满减优惠券，如图 8-34 所示。这两种优惠券的设计颇具巧思，前者是为了刺激客户在短时间内下单，后者是为了提高客单价。这样的设计不仅让客户在入群的第一时间就感受到社群的温暖和福利，也有助于实现转化目标，且入群欢迎语由系统自动发送，省时省力。

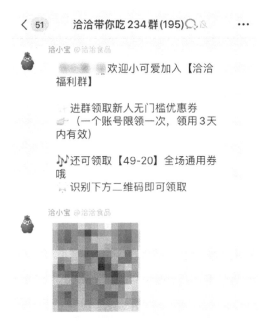

图 8-34　通过入群欢迎语赠送两种优惠券

8.5.2 社群专属限时、限量福利

为了刺激客户继续消费，洽洽食品还会不断发布社群专属限时、限量福利。图 8-35 所示为洽洽食品通过小程序发布社群专享福利，让客户享受与常规渠道相

比更优惠的专享价，不仅能刺激消费，还能给客户一个持续留在社群内的理由。

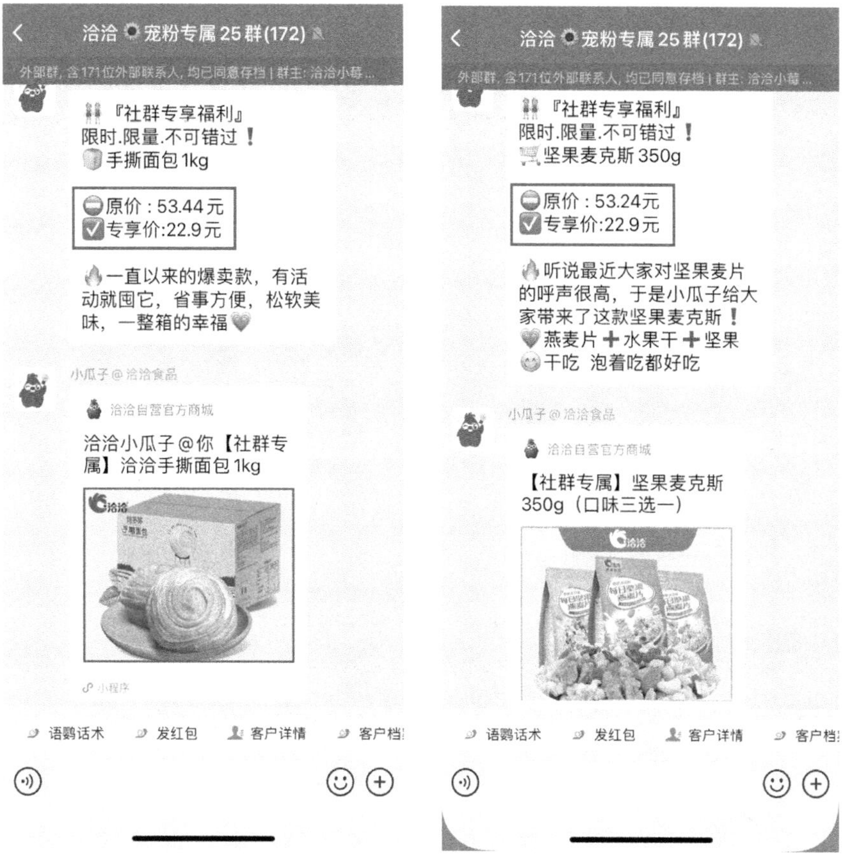

（a）　　　　　　　　　　　（b）

图 8-35　社群专属限时、限量福利

8.5.3　抽奖互动激活社群

当气氛有些冷清的时候，社群便需要一个"小高潮"来活跃气氛。洽洽食品会在社群内推出每周赢奖品的活动，客户通关完成游戏可以获得分数和排名，名列前茅的客户可以免费获得包邮的活动奖品，如图 8-36 所示。这样的休闲小游戏不仅大大调动了客户参与互动的积极性，还实实在在地给客户赠送了福利，提高了客户留存率。

（a）　　　　　　　　　　　　　（b）

图 8-36　社群每周赢奖品的活动

8.5.4　老带新活动帮助获客

当群活动数量和群活跃度已经足够高时，企业需要让新客户源源不断地加入社群，增加社群人数。洽洽食品如图 8-37 所示的老带新活动值得借鉴，通过"老客户带动新客户进群可低价购买产品"的活动，洽洽社群发展势头迅猛，既提高了客单价，又增加了新客户，一举两得。

除此之外，洽洽食品还借助第三方服务商的裂变系统，实现企业微信个人账号的裂变增长和自动拉群，在客户完成任务后，系统自动发放奖励或邀请该客户进群，获客更高效，如图 8-38（b）所示。

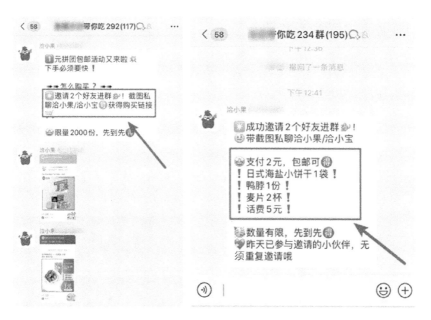

图 8-37　老带新活动

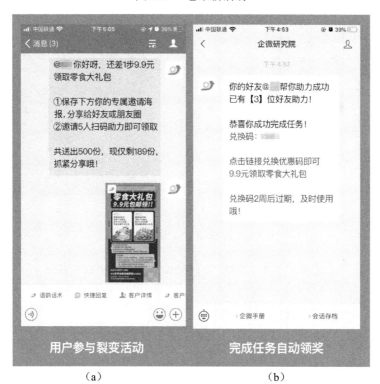

（a）　　　　　　　　　　　　　（b）

图 8-38　客户完成任务，系统自动发放奖励

8.5.5 直播带货刺激转化

除了上文提到的社群活动，洽洽食品还通过企业微信直播进一步拉近与客户的距离，更高效地促成转化。

洽洽食品的直播活动设置得很有技巧：在直播开始前，社群管理员会如图 8-39（a）所示发起几轮抽奖，让更多人知道直播的时间和内容；抽奖结果在直播开始后公布，可以提高客户对直播的参与度；在直播结束后，社群管理员会再次公布抽奖结果，同时预告下一场直播的时间和内容，吸引更多的客户参与直播进行消费。

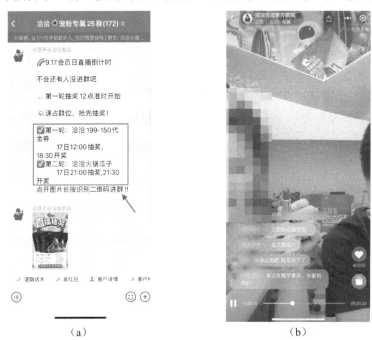

（a）　　　　　　　　　　　（b）

图 8-39　洽洽食品的直播活动设置技巧

洽洽食品对企业微信社群的营销非常全面和成熟，不仅刺激了客户消费，还壮大了洽洽食品的社群规模，将客户长久地留存在社群内。